Peter Kleinoth

Spanische Küsten aus der Luft

Peter Kleinoth

Spanische Küsten aus der Luft

Balearen
Costa Brava
Costa Blanca
Costa del Sol

Delius Klasing Verlag

Inhaltsverzeichnis

Die Deutsche Bibliothek – CIP-Einheitsaufnahme

Kleinoth, Peter:
Spanische Küsten aus der Luft: Balearen, Costa Brava, Costa Blanca, Costa del Sol/Peter Kleinoth.
Bielefeld: Delius Klasing, 1991
ISBN 3-7688-0712-6
NE: HST

Lektorat: Ursel Müller-Seegers
Layout: Ekkehard Schonart
Printed in Germany 1991
Lithographie: Stork & Partner, Löhne
Druck: Kunst- und Werbedruck, Bad Oeynhausen

Dank

Der Autor dankt für Hilfe und Unterstützung dem Spanischen Fremdenverkehrsamt in Frankfurt, insbesondere dem stellvertretenden Direktor, Manuel Butler, Touristikminister Jaime Cladera der Balearischen Landesregierung und dem Generaldirektor für Öffentlichkeitsarbeit, Eduardo Gamero, sowie Siegrid Döring de Leiva.

Von Peter Kleinoth erschienen folgende Titel:

Jugoslawische Küsten aus der Luft
(Delius Klasing Verlag, Bielefeld)

Türkische Küste aus der Luft
(Delius Klasing Verlag, Bielefeld)

Le Coste della Jugoslavia – viste dall'alto
(Mursia, Mailand)

Le Coste della Turchia – viste dall'alto
(Mursia, Mailand)

Spanische Küsten aus der Luft
(Delius Klasing Verlag, Bielefeld)

Einleitung

Spanien (Estado Español) liegt im äußersten Südwesten Europas und nimmt den größten Teil der Iberischen Halbinsel ein. Sie ist umgeben vom Mittelmeer, vom Atlantik und vom Kantabrischen Meer. Zum 504788 km^2 großen Staatsgebiet, in dem über 38 Millionen Menschen leben, gehören ferner die Balearen und die Kanarischen Inseln. Die Sprache ist Kastilisch (Spanisch), Katalanisch, Baskisch (Euskera) und Galicisch. Spanien ist nicht nur eines der größten Länder Europas, sondern nach der Schweiz auch das gebirgigste. Dreiviertel des 317000 km langen Wege- und Straßennetzes – davon 2000 km verhältnismäßig neue Autobahnen vor allem an der Küste – führen durch gebirgiges Land. Viele Fahrbahnen sind im Winter monatelang gesperrt, zahlreiche Paßübergänge liegen in 1500 m Höhe und darüber hinaus.

Der Nordostrand Spaniens wird von den waldreichen Pyrenäen begrenzt, die Nordkante vom Asturisch-Kantabrischen Gebirge, das mit dem Picos de Europa 2648 m hoch aufragt (Berchtesgadener Alpen mit dem Watzmann 2714 m). Das in Ost-West-Richtung verlaufende Kastilische Scheidegebirge, das es in der Mitte des Landes auf Höhen von über 2500 m bringt, unterteilt das innere 750 bis 850 m hohe Tafelland. Am stärksten zerklüftet ist der Nordwesten. Hier erreicht das Iberische Randgebirge mit dem Moncayo 2313 m (Nebelhorn 2224 m) und im Süden der Halbinsel, in der Sierra Nevada, der Mulhacén die Rekordhöhe von 3481 m (Marmolata, höchste Erhebung der Südtiroler Dolomiten, 3342 m).

Zwischen den Bergen dehnen sich weite Ebenen aus, Wälder und sogar Steppen, denn große Teile des dünn besiedelten Binnenlandes leiden häufig unter langen Dürreperioden. In groben Zügen lassen sich folgende unterschiedliche Klimazonen benennen: Im feuchten grünen Nord- und Nordwest-Spanien, das an den Atlantik grenzt und sehr fruchtbar ist, findet man ein gemäßigtes ozeanisches Klima mit hohen Niederschlägen, in den übrigen Küstengebieten Mittelmeerklima mit trocken-warmen Sommern und milden, Regen bringenden Wintern. Daß die Ost- und die Südküste von der Natur besonders begünstigt sind, verdanken sie den Bergen im Hinterland, welche die kalten Winde aus dem Norden abhalten.

Jahrhundertelang brachten die tropisch warmen Sommer – besonders im Süden – die Bewohner eher zur Verzweiflung, doch dann kamen die Touristen und fanden, daß die lichtüberfluteten Küstenstriche genau das Richtige für sie sind. Nicht anders erging es den Balearen. Die Inselgruppe, nur einen Luftsprung von Spaniens Festlandsküste entfernt, entsprach mit ihrem milden Klima wie keine andere Region der alten Sehnsucht der Menschen nach Sonne, Meer und Wärme – mit der Konsequenz, daß kaum eine andere Gegend der Erde heute so untrennbar mit dem Tourismus verbunden ist wie die Balearen.

Während seiner ganzen Geschichte war Spanien fremden Einflüssen ausgesetzt. Seine strategische Lage an der Nahtstelle zwischen Europa und dem afrikanischen Kontinent lockte jedoch auch viele ungebetene Gäste ins Land. Woher die ersten Bewohner der Iberischen Halbinsel kamen, läßt sich nur vermuten – vielleicht aus Afrika, vielleicht auch aus dem Nahen Osten. Sicher ist nur, daß die verschiedensten Rassen, Kulturen und Zivilisationen Spanien ihren Stempel aufdrückten: die Griechen, Phönizier, Juden, Römer, Goten und nicht zuletzt die Mauren, die mit Ausnahme der Nordprovinzen einst das ganze Land besetzt hielten und überall ihre Spuren hinterließen, wie die wasserberieselten Innenhöfe (Patios) vieler spanischer Häuser beweisen.

Dem Umstand, daß Spanien so oft erobert wurde – ebenso oft fand es sich aber auch in der Rolle des Eroberers –, verdankt es eine einmalige, originelle Kultur, die es, obwohl ein modernes, vitales Land und dem Europa von heute mit Überzeugung zugewandt, doch in vielerlei Hinsicht anders, um nicht zu sagen fremdartig erscheinen läßt. Die sonnenhungrigen Touristen, die nur zum Badeurlaub an die Strände kommen, werden davon kaum etwas verspüren. Ihnen sei zu raten, sich einmal ins Landesinnere aufzumachen. Dann werden sie überrascht feststellen, daß Spanien eines der vielfältigsten Länder Europas ist.

Neben der landschaftlichen Schönheit mit bizarren Naturerscheinungen findet der Feriengast auch einzigartige Sehenswürdigkeiten und Kulturdenkmäler, die Zeugnisse einer bewegten Geschichte sind. Dieser Reichtum, verbunden mit einem Klima, das in manchen Gebieten einen Ferienaufenthalt auch noch im Winter ermöglicht, hat Spanien zu einem der bedeutendsten Fremdenverkehrszentren der Welt gemacht.

Zwischen 50 und 60 Millionen Urlaubsgäste kommen inzwischen alljährlich in das Land, weit mehr, als es Einwohner hat, und bescheren dem Staatshaushalt Deviseneinnahmen in Milliardenhöhe. Innerhalb von zehn Jahren, von 1978 bis 1988, sind sie von 5,5 Milliarden US-Dollar auf über 16 Milliarden angewachsen. Der Tourismus ist für Spanien eine der wichtigsten Einnahmequellen.

Die Entwicklung des Fremdenverkehrs ging einher mit der wirtschaftlichen und politischen Öffnung des Landes. Spanien ist heute eine Monarchie auf parlamentarisch-demokratischer Grundlage. König und Oberbefehlshaber der Streitkräfte ist seit dem Tod Francos im Jahr 1975 Don Juan Carlos de Borbón y Borbón.

Die Mehrzahl der Urlauber kommt aus Frankreich und Großbritannien, die Deutschen rangieren an dritter Stelle. Hauptziel des Touristenstromes sind die Küsten und Inseln – die Costa Brava, Costa Blanca, Costa del Sol und zuallererst die Balearen –, während das Inland kaum ein Rolle spielt. Ein dunkles Kapitel der stürmischen touristischen Entwicklung auf der Iberischen Halbinsel ist die Masse der ausufernden Touristensiedlungen, Wohnkolonien, Bungalowdörfer und Hotelstädte, mit denen mancherorts weite Küstenbereiche überzogen sind. Doch mit dem ungezügelten Bauboom soll es so nicht weitergehen. Die spanische Regierung hat angekündigt, daß sie bei der Vergabe von Baugenehmigungen künftig strengere Maßstäbe anlegen will.

Für die Segler und Motorbootfahrer ist in Spanien die Welt noch weitgehend in Ordnung. Neben 283 Häfen mit 50375 Liegeplätzen finden sie – vor allem auf den Balearen – eine mit Buchten (Calas) übersäte Landschaft voll stiller Schönheit, die vom Tourismus noch nicht erobert worden sind.

Dies alles, die konturenreiche Küste, die Vielzahl der verschwiegenen Ankerbuchten, die guten Serviceeinrichtungen und ein Klima, das Segeln fast das ganze Jahr erlaubt, macht die Iberische Halbinsel zu einem idealen Törnrevier. Spanien ist für Wassersportler ein Paradies.

1 DIE VIELEN GESICHTER EINER INSEL

MALLORCA IST EIN TRAUM

Die Kathedrale „La Seo" von Palma de Mallorca – mächtig und dominant – ist Symbol und Wahrzeichen der Stadt und der ganzen Insel. Den eindrucksvollsten Anblick hat man vom Meer her. Gleich daneben der Palacio de la Almudaina, früher maurischer Herrschersitz.

Die „Perle des Mittelmeeres", Palma de Mallorca, wie sie sich dem mit dem Flugzeug einschwebenden Urlaubsgast präsentiert. Ein weißes Band von Häusern, von Straßen und Plätzen führt um die weite Hafenbucht – im Vordergrund der Handelskai mit der in Palma zu Besuch weilenden „Gorch Fock" der Bundesmarine am langen Wellenbrecherarm, dahinter Frachter und Fahrgastschiffe, die in großer Zahl die Inselmetropole ansteuern, ferner der Club de Mar am vielspurigen Paseo Marítimo und weit hinten der Real Club Náutico mit seiner erweiterten Steganlage. Deutlich zeichnet sich am Horizont die wuchtige Gebirgskette an der Nordwestseite der Insel ab. Vor den Bergen dehnt sich eine weite Ebene aus, die bis zur Bucht von Alcudia im Nordosten reicht. Palma ist das größte nautische Zentrum des westlichen Mittelmeeres. Hier starten viele Yachtcrews zu ihrem Balearen-Törn.

1

3

2

1 *Hoch über Palma thront das Castillo de Bellver. Die gut erhaltene Festung, 1309 von König Jaime II. vollendet, ist zu besichtigen. Von dem Rundbau hat man einen herrlichen Blick auf die Stadt.*

2 *Der exklusive Club de Mar an der vielbefahrenen Uferstraße, dem Paseo Marítimo, ist Palmas neue Nobelmarina.*

3 *Blick auf den Hafen von Palma de Mallorca von Osten, dort, wo sich die Altstadt ausdehnt: Im Vordergrund der Real Club Náutico, hinten der Club de Mar. Auf dem langen breiten Kai in der Mitte der Boats-Yard, der Trockenhafen.*

4 *Der Real Club Náutico im Stadtzentrum – er ist die älteste Marina. Daneben (Bildmitte) die Werft Astilleros de Mallorca, die früher Fischerboote reparierte. Jetzt werden Superyachten aufgeslippt.*

1 *Ein Ort der Fischer und ein Ort ohne Touristentrubel an Palmas Stadtgrenze: Portixol.*

2 *Nur für Boote bis 1,5 m Tiefgang, aber mit gutem Club-Restaurant: Cala Gamba.*

3 *Ein großer Urlaubsort mit einer schönen Marina, über die die Ferienbomber beim Landeanflug auf Mallorcas internationalen Airport Son San Juan hinwegdonnern: Ca'n Pastilla.*

4 *Ein kleiner Küstenort mit einem kleinen Hafen, von Fischerbooten belegt: El Molinar.*

1

3

2

4

Berühmt und berüchtigt: El Arenal. Berüchtigt wegen der touristischen Gigantomanie, dem mallorquinischen Teutonengrill. Berühmt wegen der piekfeinen und pieksauberen Marina, die zu den besten der Insel zählt. Die 5 km lange Playa de Palma, die in Ca'n Pastilla beginnt, reicht mit ihren in Reih und Glied im Sand postierten Sonnenschirmen bis an den Hafen heran. El Arenal ist eine Oase inmitten dieses hektischen Urlaubsbetriebes. Die Yachtcrews führen ihr Eigenleben – ungestört und frei von Hafenquerelen. Wer will, kann nachts in das sündige Leben der Urlaubsmetropole eintauchen. El Arenal hat viele Gesichter.

1 Ein charakteristischer Wegepunkt an der Südseite Mallorcas: das an der Steilküste 100 m hoch aufragende Cabo Blanco mit dem Leuchtfeuer am Klippenrand.

2 Wie mit dem Messer glatt abgetrennt – dieses Bild bietet die Südwestküste Mallorcas über viele Meilen vom Meer aus. Das Felsengestein steigt senkrecht aus dem Wasser auf und setzt sich oben als platte Hochebene fort.

3 Eine Traumbucht und eines der beliebtesten Postkartenmotive: Cala Pi, die jedes Seglerherz höher schlagen läßt. In dem glasklaren Wasser scheinen die Boote zu schweben.

1

2

3

1

2

1 In schöner, unverbauter Landschaft mit einem wunderschönen Sandstrand: La Rápita, Mittelpunkt einer 12 km langen Bucht.

2 Ein kleiner Hafen, weitab von den Zentren des Urlaubsgeschehens: El Estanyol. Das Hafenrestaurant zelebriert unverfälschte mallorquinische Küche.

3 Crews, die dieses Leuchtfeuer erblicken, haben den südlichsten Punkt Mallorcas erreicht. Punta de las Salinas leuchtet aus 17 m Höhe.

3

1

2

3

1 *Blaugrünes Wasser, weißer Sandstrand, ein Küstenbogen nach dem anderen – so schön ist es rings um das Hafenstädtchen Colonia Sant Jordi. Ankerplätze gibt es im Überfluß, wie hier bei dem Inselchen Llarga, nördlich von dem Ort.*

2 *Auch das gehört zu Colonia Sant Jordi: In großen Verdunstungsbekken am Stadtrand wird wie seit Jahrhunderten Salz gewonnen. Die Salzfelder setzen der Landschaft einen bunten Farbtupfer auf.*

3 *Hafen und Stadt Colonia Sant Jordi auf einer flachen Landnase mit gekerbtem Felsufer. Einen südlicheren Hafen als diesen gibt es auf Mallorca nicht. Es können nur Boote mit geringem Tiefgang einlaufen.*

1

1 Eine Bucht mit vielen Buchten: Cala Mondragó, gesäumt von herrlichen Sandstränden und bewaldeten Ufern, ist ein wunderschöner Ankerplatz.

2 Ein enger Schlauch mit grünem Wasser und schönem Badestrand: Cala Santañy ist eine von vielen Buchten an der Südostküste Mallorcas.

3 Einer der großartigsten Naturhäfen der Insel, der aus zwei fjordartigen Meeresarmen besteht: Cala Figuera an der Mündung des Torrente dels Oms. Der idyllische Fischerort ist ein beliebter Treff vor allem der Jugend.

1

2

3

1 *Ein Name, der seine Richtigkeit hat: Cala d'Or ist wirklich eine Goldbucht, und die Marina ist es nicht minder. Wind und Wellen können den Yachten nichts anhaben.*

2 *Ein schöner Platz für einen Badeaufenthalt: Cala Ferrera.*
3 *Ein Fischerdorf, in dem es fast keine Hotels gibt: Puerto Petro, ein Naturhafen mit viel Atmosphäre.*

1

1 *Eine Bucht, die in alle vier Himmelsrichtungen auseinanderstrebt: Cala Mitjana besticht durch Einsamkeit und viel Grün.*

2 *Im Zickzackkurs anzusteuern: Cala Arsenau.*

3 *Nach Osten weit offen: Cala Barcas, die Piratenbucht.*

1

3

2

1 Die Einsteuerung in den Porto Colom wird durch diesen Leuchtturm angezeigt, der das felsige Kap an der Ostseite der Einfahrt besetzt hält. Punta de ses Crestas (de la Farola) heißt das Feuer, das aus 42 m Höhe leuchtet.

2 Cala Domingos ist der Name dieser vom Tourismus eroberten Doppelbucht, die schön zum Baden, aber nichts für einen längeren Ankeraufenthalt ist.

3 Porto Colom – hübscher Ortskern, kein übermäßiger Tourismus – schart sich um eine Riesenbucht, die alles zu bieten hat, was des Bootsfahrers Herz erfreut: eine gute Marina, viel Platz zum Ankern, gute Fischlokale. Der Naturhafen kann bei jedem Wetter angelaufen werden und gewährt guten Schutz.

4 Diese drei Calas – Estany den Mas, Anguila, Mandia – gehören zu einem wahren Buchten-Szenarium. Mehr als ein halbes Dutzend Buchten im Mittelabschnitt der Ostküste zwischen Porto Colom und Porto Cristo haben sich unter dem Namensdach Calas de Mallorca zusammengefunden.

Den Schlängelbewegungen eines Aales gleicht der Flußlauf, der Porto Cristo durchzieht und sich bei seiner Einmündung ins Meer breit öffnet. Wind und Wellen können dem Hafen, der zu den ältesten der Insel gerechnet wird, nichts anhaben, wohl aber das so harmlos erscheinende Flüßchen. Bei starken Regenfällen in den Bergen kann es sich in einen reißenden Strom verwandeln, der dann – wie 1989 geschehen – die Marina in ein Inferno verwandelt. Die ersten Stege sind Gastliegern vorbehalten. Wer sich zu Fuß ins Ortszentrum aufmacht, muß einen langen Weg um den ganzen Hafenschlauch zurücklegen. Besser, man setzt mit dem Beiboot über.

1

2

3

4

1 *Ein interessanter Ort: Cabo Vermey mit dem Eingang zu den Artá-Tropfsteinhöhlen 40 m über dem Meer und der Cala de Canyamel. Auch Ausflüge ins Hinterland bieten sich von hier an.*

2 *Ein kleiner, bescheidener Hafen, an den sich mit Cala Millor ein riesiges Urlaubsareal anschließt: Cala Bona übt sich dagegen in Bescheidenheit.*

3+4 *Ein großes Touristenzentrum, beliebt besonders bei den deutschen Urlaubern: Cala Ratjada. Der Fischerhafen hat seine gemütliche Atmosphäre bewahrt. Alljährlich findet hier das Windsurfing-Marathon nach Ciudadela (Menorca) statt.*

Eine Bucht von polynesischer Schönheit. Das kristallklare Wasser durchläuft die ganze Farbskala von Giftgrün bis Tintenschwarz. Die Ufer leuchten in sattem Grün. Für die Crew der Yacht, die hier vor Anker liegt, erfüllt sich ein Segeltraum. Mula de la Agulla heißt dieser berauschend schöne Ankerplatz, der zusammen mit der angrenzenden Cala Guya, getrennt durch die spitz vorspringende Felsnase, den Hausstrand von Ratjada bildet.

1

3

2

1 *Ein versteckter Ankerplatz, der im Schatten des mächtigen Cabo Farrutx liegt. Die Cala Es Caló ist von Klippen umgeben. Die Ansteuerung erfordert äußerst vorsichtiges Navigieren.*
2 *Ca'n Picafort ist ein beliebter Ferienort mit einem Hafen, der zur Marina umfunktioniert wurde. Er liegt inmitten der 17 km langen Bucht von Alcudia.*
3 *Das gewaltige Cabo Farrutx, das an der höchsten Stelle 432 m erreicht. Hier öffnet sich die Bahía de Alcudia riesig weit. In bester Aussichtsposition obendrauf ein Wachtturm aus arabischer Zeit.*
4 *Ein kleiner Hafen vor einem lieblichen Ort: Bon Aire, auch „das Krokodil" genannt.*

1 *Vor den spitzen Höhen der Halbinsel Victoria (444 m) breitet sich der Puerto de Alcudia aus – eine Marina mit viel Platz. Alcudia war einst arabischer Regierungssitz, bevor Palma diese Rolle übertragen wurde. Heute ist die Stadt eine Urlauber-Hochburg mit einem der längsten Badestrände Mallorcas.*

2 *Ein winziger Hafen, der meistens voll belegt ist: Barcarés besticht durch die schöne Landschaft.*

3 *Lieblich und verträumt: das Inselchen Aucanada mit Leuchtturm an der Südseite der Halbinsel Victoria im Golf von Alcudia.*

3

Berge und Meer – Puerto de Pollensa, vor der Filmkulisse der 12 km Richtung Nordost sich hinausschiebenden Halbinsel Formentor, bietet beides. Wer die Küstenberge erklimmt, dem liegt eine Wunderwelt zu Füßen. Wer hier segelt, fährt mitten hinein in eine äußerst reizvolle Landschaft, für die es keine Vergleiche gibt. Bei alldem ist Pollensa vom Massentourismus einigermaßen verschont geblieben. Das quicklebendige Städtchen ist etwas für Individualisten. Diesem Trend ist auch die erst jüngst erweiterte Marina gefolgt. Ein Hauch von Exklusivität haftet ihr an. Wer will, kann sich von jedem Landkontakt fernhalten und die Schönheiten der Landschaft in aller Stille genießen. In der Bucht ist genügend Platz zum Ankern. Puerto de Pollensa ist ein Ort zum Wohlfühlen.

1

1 Die gebirgige Halbinsel Formentor in ganzer Länge aus der Vogelperspektive – im Hintergrund Puerto de Pollensa.
2 Ein Koloß im Meer: Cabo Formentor mit dem Leuchtturm auf vorgeschobenem Posten in 210 m Höhe.
3 Die befeuerte Punta de la Avanzada. Wenn die Halbinsel querab ist, kann man direkten Kurs auf Puerto de Pollensa nehmen.
4 Ein Ort, der durch das Luxushotel Formentor berühmt ist: Cala Posada mit Isla de Formentor.

1

1 *An den Ausläufern des Tramuntana-Gebirges: Cala San Vicente, einst einsame Fischersiedlung, jetzt Touristenort, aber immer noch zauberhaft.*

2 *Am bequemsten kommt man mit dem Boot hierher, mit dem Auto nur auf Serpentinenstrecken: Cala Calobra, eine Bucht in einer Bilderbuch-Landschaft.*

3 *Einer der wenigen brauchbaren Ankerplätze an der Nordwestküste: Cala Tuent, dünn besiedelt und schön. Den Badestrand hat man ganz für sich allein.*

1

1+2 *Hufeisenförmig von Bergen eingeschlossen: der zauberhafte Puerto de Sóller, einziger Hafen an der Nordwestküste Mallorcas. Wer keinen Liegeplatz am Kai findet, kann in der Bucht vor Anker gehen.*

3 *Hoch oben auf dem Berg: Leuchtturm Cabo Gros, der aus 120 m Höhe weit Richtung spanischer Festlandsküste strahlt. Das Feuer weist der Schiffahrt den Weg in den Hafen von Sóller.*

Einem ganzheitlichen Kunstwerk gleichen die Terrassen von Bañalbufar, die von den Arabern vor knapp tausend Jahren angelegt wurden. Wie die Jahresringe von Bäumen ziehen sich die Stufen im Erdreich bis hinunter zum Wasser hin. Die arabischen Landschaftsgestalter haben hier ihr hohes Können einmalig unter Beweis gestellt.

1 *Ein träger Klotz, der sich weit vorwagt: Cabo Llamp (221 m) an der Westküste Mallorcas.*
2 *Cabo Llebeitx, die Südwestspitze von Dragonera.*
3 *San Telmo, ein schöner Ankerplatz, beschützt durch das Inselchen Pantaleu.*
4 *Einer der schönsten Naturhäfen: Puerto de Andraitx. Im Hintergrund Dragonera.*

1 *Die eigenwillige Form dieser schönen Marina wurde von der Natur bestimmt. Santa Ponsa wurde millimetergenau in die Bucht eingepaßt, die früher ein stark frequentierter Ankerplatz war. Heute ist sie ein beliebter Hafenplatz – ruhig, sauber und geschützt. Santa Ponsa erfreut sich ganz besonderer Wertschätzung bei ausländischen Yachteignern.*

2 *Ein hübscher Tagesankerplatz östlich von Puerto de Andraitx in einer weiten Bucht, eingebettet in eine wunderbare Landschaft: Cala Camp de Mar. Der Badebetrieb am breiten Sandstrand hält sich noch in Grenzen.*

3 *Klein, aber landschaftlich sehr schön gelegen an einem buchtenreichen Küstenabschnitt: Portals Vells mit hübschen Ankerplätzen in der Nähe.*

1

2

3

1 *Leuchtfeuer Punta de Cala Figuera – es markiert Anfang und Ende der Bahía de Palma an der Westseite.*

2 *Eine brandneue Marina, die aus dem Fels herausgehauen wurde: „El Toro“, ein Hafen noch im Ausbau.*

3 *So felsig gibt sich die Küste im Südwesten. Man findet viele stille Plätze.*

4 *Von Hochhäusern beherrscht: Magaluf an einer weiten Bucht.*

1

1 *Eine Marina, bei der alles nur vom Feinsten ist: Puerto Portals vor Palmas Haustür.*
2 *Ein kleiner Hafen, der puppenhaft verspielt wirkt: Palma Nova.*
3 *Eine Cala, die zum Buchten- und Badeparadies südwestlich von Palma gehört: Illetes.*
4 *Calanova im Stadtteil Sant Augustin von Palma.*

Ein nahezu unberührtes Inselparadies – der aus einer Fülle kleiner und großer Eilande, Klippen und Felsspitzen bestehende, 17 km² große Archipel Cabrera vor der Südküste Mallorcas (Hintergrund). Der Hauptinsel Cabrera ist nördlich als größte von vielen kleinen Inselchen Conejera (= Kanincheninsel, es tummeln sich hier aber auch viele Eidechsen) vorgelagert. Bislang war Cabrera eines der beliebtesten Törnziele, doch jetzt ist die Inselgruppe für die Balearen-Segler und -Motorbootfahrer in unerreichbare Ferne gerückt. Sie wurde zum Naturschutzgebiet erklärt – Ansteuerung verboten!
Mit dem Namen Cabrera verbindet sich ein dunkles Kapitel europäischer Geschichte. 1809 wurden im spanischen Unabhängigkeitskrieg gegen die napoleonischen Truppen 8000 französische Kriegsgefangene auf die Insel verbannt, von denen zwei Drittel an Hunger, Krankheit und Durst elendig zu Grunde gingen. Ein Obelisk auf Cabrera erinnert an die Tragödie.

Kaum zu glauben, daß Mallorca trotz Massentourismus so schön sein kann . . . Dieses Bekenntnis von Besuchern, die zum ersten Mal auf die Insel kommen, hört man häufig. Doch wer einmal hier war, kommt immer wieder. Dafür gibt es Gründe. Abseits der Touristen-Zentren bietet Mallorca die schönsten Landschaften und eines der abwechslungsreichsten Segelreviere des Mittelmeeres: idyllische Badebuchten und verträumte Ankerplätze, moderne Marinas und malerische Fischerhäfen. Jemand hat mal ausgerechnet, daß es exakt

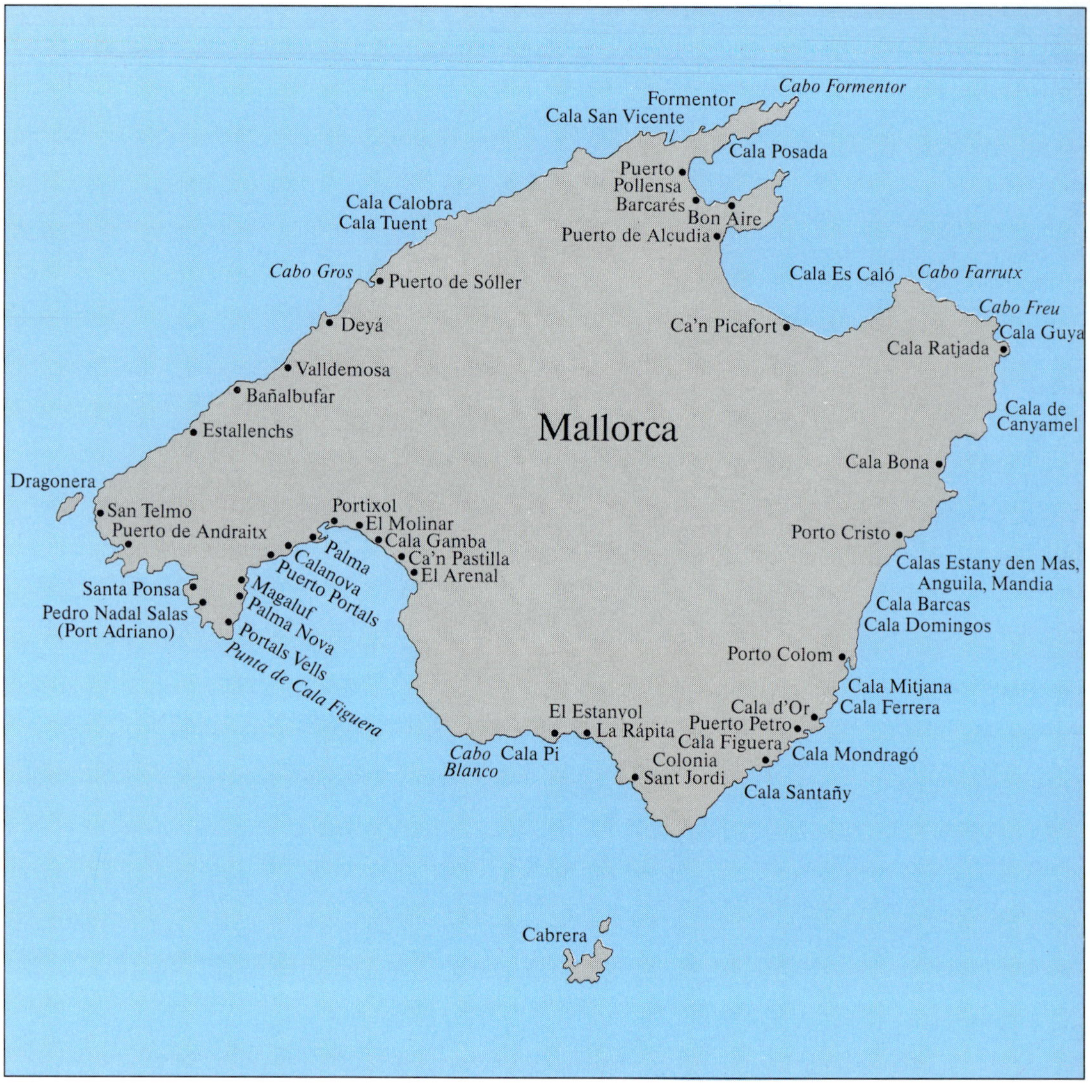

Palma de Mallorca

Hauptstadt von Mallorca (lat. „die Größere", im Gegensatz zu Menorca, „die Kleinere") ist Palma, genauer Palma de Mallorca. Wenn man mit einem der Ferienflieger auf dem Aeropuerto de Son San Juan einschwebt, Mallorcas großem Flughafen, wird man auf unvergeßliche Weise der Inselmetropole ansichtig, die sich unter einem wie ein hell leuchtender Flickenteppich ausbreitet. Zwischen sechs und sieben Millionen Touristen, davon etwa 1,2 Millionen Deutsche, werden mittlerweile alljährlich auf den Balearen abgesetzt. In Spitzenzeiten landet oder startet in San Juan alle zwei Minuten eine Maschine. Der Flughafen, schon mehrmals erweitert und schon wieder zu klein, ist der größte Urlauberlandeplatz der Welt.

"Perle des Mittelmeeres" wird Palma häufig apostrophiert. Für die Mallorquiner ist sie einfach die „Ciutat", die Stadt. Ihre 300000 Einwohner sind stolz auf sie – auf die alles überragende Kathedrale, auf La Portella, die verwinkelte Altstadt, in der die Nächte besonders lang sind, auf den Hafen, der am Ende der 20 km tiefen Bahía de Palma Fischerbooten, Fähren und Yachten einen sicheren Liegeplatz bietet.

Palma ist Dreh- und Angelpunkt des Wasserports auf Mallorca. Von hier starten die meisten Crews zu ihrem Balearen-Törn, und hier findet man auch die besten Servicebetriebe. Es gibt zwei Marinas, von denen der *Real Club Náutico* Transitreisenden am ehesten zu empfehlen ist. Er verfügt über 1000 Liegeplätze. Vorteile: Altstadtnähe und gute Service- und Reparatureinrichtungen. Nachteil: Schwell durch Fischerboote (nachts und am frühen Morgen).

Der königliche Club ist der Traditionsclub von Mallorca. Von den 1000 Mitgliedern sind 100 Deutsche. Spaniens segelfreudiger König Juan Carlos ist Ehrenmitglied. Höhepunkte der Segelsaison sind alljährlich die beiden internationalen Regatten „Copa del Rey", selbstverständlich unter Beteiligung Seiner Majestät des Königs, und die „Princess Sofia Trophy".

Der *Club de Mar,* am anderen Ende der Hafenbucht, hat dem Real Club Náutico in puncto Exklusivität den Rang abgelaufen. Er ist die Marina mit den größten Yachten: bis 120 m Länge. Alles ist vom Feinsten. Die Bewachung ist, dem Sicherheitsbedürfnis der illustren Gästeschar entsprechend, besonders streng. Und da Exklusivität schon immer ihren Preis hatte, ist es hier auch nicht ganz billig. Ein Nachteil ist der starke Verkehrslärm durch den nahen sechsspurigen Paseo Marítimo, die autobahnähnliche Uferstraße.

Im Club de Mar trifft man ein bunt zusammengewürfel-

179 Buchten an der 581 km langen Küste gibt. Die Calas, ein Markenzeichen der Insel, wurden im Laufe der Jahrtausende aus dem Kalkstein herausgewaschen oder entstanden durch die Einmündung von Flüssen.
Am zahlreichsten sind sie an der Südost- und Ostküste. Hier reiht sich Bucht an Bucht, weswegen dieser Küstenabschnitt als Törnrevier auch am beliebtesten ist. Ganz anders sieht es dagegen an der gebirgigen Nordwestseite aus (höchster Berg ist mit 1445 m der Puig Mayor), wo es mit Puerto de Sóller für Yachten nur einen Zufluchtsort gibt. Wer in dieser bizarren Gesteinslandschaft segelt, muß wohl oder übel eine lange Strecke ohne Stopp zurücklegen, bevor er den nächsten Hafen erreicht. Tückisch ist der Nordwind, der kräftig blasen kann und hohe Wellenberge vor sich herschiebt.
Der Gebirgswall im Nordwesten hält die kalten Nordwinde ab und beschert Mallorca das milde Klima. Die Einheimischen sagen „Isla de la Calma“, Insel der Stille. Kleinere Erhebungen gibt es auch im Ostteil der Insel, wo die Bahía de Pollensa und die Bahía de Alcudia tief in das Land einschneiden. Die Küstenberge lenken die frische Meeresluft in die trichterförmigen Buchten, wodurch ein verdichteter Luftstrom entsteht. Das gleiche geschieht in umgekehrter Richtung, wenn der Wind in die Riesenbucht von Palma hineinbläst. Die sommerlichen thermischen Südwest- beziehungsweise Nordostwinde heißen „Embat“ und „Embatet“. Das Seegebiet um Mallorca stellt keine erhöhten Anforderungen an die Crews. Man sollte das Mittelmeer jedoch nie unterschätzen. Gutes Ankergeschirr – neben dem Buganker möglichst noch ein Heckanker – ist ein Muß für jeden Balearen-Segler.
Mallorca, 200 km lang und 75 km breit, ist nicht nur die größte Insel der Balearen, sondern auch deren Hauptinsel. Jede der fünf Inseln – neben Mallorca Menorca, Ibiza, Formentera, Cabrera – hat ihren eigenen Charakter. Doch gleich ist allen die grandiose Landschaft, der südliche Charme, das Wetter, der Wind. Die Balearen sind zum Segeln wie geschaffen. In dem Maße, wie der Reisestrom auf die Inseln zunahm, stieg auch das Yachtfieber und damit der Bedarf an Liegeplätzen. Der Nachfrage versuchte man durch ein engmaschiges Netz von Häfen und Marinas nachzukommen, die in den letzten Jahren wie Pilze aus dem Boden gewachsen sind. 20000 Bootsliegeplätze gibt es auf den Balearen, davon allein 13000 auf Mallorca.
Weitere Vorteile sind die preiswerten und schnellen Flugverbindungen (von Deutschland ist man in rund zwei Stunden auf den Balearen) und die kurzen Entfernungen von Insel zu Insel. Alle Balearen-Eilande sind in wenigen Segelstunden erreichbar. 300 Sonnentage im Jahr und das Wasser so klar, wie man es am Mittelmeer nur noch selten findet, sind zusätzliche Argumente, Mallorca in den Rang einer Segellandschaft der Superlative zu erheben. Die Isla ist nicht nur Europas Ferieninsel Nummer eins, sondern auch das nautische Zentrum der Balearen.

tes Völkchen aller Nationen auf der Suche nach einem Gelegenheitsjob. Abends versammelt man sich beim Bier in der Hafenbar. Es blüht die Nachrichtenbörse.

Preiswerte Liegeplätze findet man am *Paseo Marítimo*, dem Stadtkai. Nachteile: laut, schmutzig, unbewacht, unruhig, bei auflandigem Wind gefährlich. Vor Jahren hat ein Wirbelsturm, der durch zwei sich überlagernde Gewitter hervorgerufen wurde, viele hier vor Anker liegende Schiffe gegen den Betonkai geschleudert und schwer beschädigt. Es gab mehrere Totalverluste. Auf keinen Fall sollte man sein Boot unbeaufsichtigt lassen.

Am Paseo Marítimo zerplatzte schon so mancher Weltumseglertraum wie die berühmte Seifenblase. Viele Yachten, die hier vertäut sind, legen beredt Zeugnis davon ab. An einem Schwimmsteg in der Nähe dümpelt die weiße Charterflotte der spanischen Firma Cruesa, die zu den Wegbereitern des nautischen Tourismus auf der Insel gehört.

Rund um Palmas Hafen bieten 150 Servicebetriebe ihre Dienste an, darunter mehrere deutsche. Im Boats-Yard, dem kommunalen Trokkenhafen, wo Segel- und Motoryachten in großer Zahl überwintern, können per Travellift Schiffe bis 60 t an Land gehievt werden. Bei der Werft Astilleros de Mallorca werden noch größere Brocken aufgeslippt.

Portixol

östlich von Palma und unmittelbar an der Schnellstraße zum internationalen Flughafen gelegen, ist trotz der Großstadtnähe ein Ort der Stille und Abgeschiedenheit. Ein Geheimtip für Gaumenfreuden ist das Hotel-Restaurant Portixol. Cala Portixol ist zweigeteilt: Die eine Hälfte gehört dem Club Náutico (einlaufend an Steuerbord), die andere ist der Puerto de Portixol. Beiden ist gemeinsam, daß sie nur von Booten mit geringem Tiefgang angelaufen werden können. Die 278 Liegeplätze befinden sich fest in einheimischer Hand. Ansteuerung bei auflandigem Wind nicht ratsam.

El Molinar

ist ein kleiner Küstenort mit einem kleinen Hafen, völlig unberührt vom Tourismus. Wie in Portixol sind auch hier die 142 Liegeplätze von Fischerbooten belegt. Offiziell stehen nur zwei Gastliegeplätze zur Verfügung. Wassertiefe maximal 1,6 m, Einlaufen nur mit Kleinstbooten.

Cala Gamba

liegt 3 sm von Palma entfernt und gehört zu Coll de'n Rabassa, was Gehöft bedeutet. Es ist ein kleiner Hafen mit 250 Liegeplätzen, die fast ausnahmslos von einheimischen Booten belegt sind. In der Nähe befindet sich die Werft Majoni, die GFK-Nachbauten der traditionellen spanischen Fischerboote, der Astilleros, produziert. Besitzer ist sinnigerweise ein Holländer, der vor über zwei Jahrzehnten auf die Insel kam. Der Hafen ist nur etwas für Boote bis 1,5 m Tiefgang. Das Club-Restaurant ist bekannt für gute Fischgerichte. Tourismus findet kaum statt.

Ca'n Pastilla

Hier beginnt die Playa de Palma, der bekannteste Badestrand Mallorcas, der sich 5 km weit bis nach El Arenal hinzieht. Beim Anblick der langen Kette aus Hotelbauten, Souvenir-Shops, Restaurants und Imbißbuden ist kaum vorstellbar, daß bis vor wenigen Jahrzehnten an dem leicht geschwungenen Sandstrand kaum ein Haus stand. Deutsche Urlauber können sich wie zu Hause fühlen. Für Einkäufe und Shopping gibt es ein breites Angebot. Der Name der Marina, die über gute Serviceeinrichtungen verfügt, lautet in ganzer Länge *Club Marítimo San Antonio de la Playa.* Es können Schiffe bis 25 m Länge einlaufen. Von den 396 Liegeplätzen sind 78 Transitplätze. Nachteil: Über den Hafen donnern die Ferienbomber im Tiefflug hinweg. Er liegt in der Einflugschneise des Airports Son San Juan. Ca'n Pastilla ist Stützpunkt einer großen Charterflotte.

El Arenal

gilt als Urzelle des Massentourismus auf Mallorca. 1920 zählte der einstige Fischerort gerade 60 Einwohner, heute ist er mit allem Drum und Dran einer geschäftigen Urlaubs- und Vergnügungsbranche ausgestattet und mit nicht weniger als 50000 Hotelbetten. El Arenal an der „nackten Meile", wie die Playa de Palma auch genannt wird, einem gigantischen Feriengrill, ist der deutscheste aller Urlaubsorte – berühmt und bisweilen auch berüchtigt. Während der Ort selbst voll in deutscher Hand ist – es gibt keine deutsche Biermarke, die hier nicht vertreten ist, das Kneipenimperium kann es mit jeder deutschen Großstadt aufnehmen –, hat sich die Marina des Clubs Náutico einen Rest von Internationalität bewahrt. Sie gilt als eine der besten Mallorcas. Der Hafen zeichnet sich aus durch guten Service, Sauberkeit und ein akzeptables Preis-Leistungs-Verhältnis. Weitere Pluspunkte: viel Platz für Winterlagerung, ansprechendes Clubhaus mit Bar und Restaurant, Schwimmbad, 24-Stunden-Bewachung. Es gibt 637 Liegeplätze für Yachten bis 25 m Länge.

Cabo Blanco

Das weiße, mächtige Kap, das 100 m in die Höhe ragt, macht seinem Namen alle Ehre. Es markiert jenen Abschnitt der Südküste, der zu einer senkrecht zum Meer abfallenden Steilküste ansteigt und La Marina heißt. Anschließend schwenkt die Küste ostwärts und öffnet sich 2,5 sm entfernt zu einer der landschaftlich schönsten Buchten Mallorcas.

Cala Pi

ist ein enger, fjordartiger Schlauch, der sich tief in das Gestein windet und am Ende in einem feinsandigen Strand ausläuft. Die Bucht ist eines der beliebtesten Postkartenmotive. Ihre Beliebtheit in früheren Zeiten war von eher zweifelhaftem Wert, diente sie den Seeräubern doch als Zufluchtsstätte. Yachten, die vor Anker liegen, müssen sich mit Bug- und Heckleine sichern. Zum Schwojen reicht der Platz zwischen den engen Felswänden nicht aus.

El Estanyol

ist ein kleiner Hafen in landschaftlich unverfälschter Umgebung mit 285 Liegeplätzen. Unweit des flachen Felskaps Punta Plana südlich des Hafens erhebt sich der alte Wachtturm von S'Estalella, der 1595 zur Verteidigung des alten Hafens von Campos errichtet wurde, dem heutigen Colonia Sant Jordi. Es haben nur Boote bis 10 m Länge Platz. Bei auflandigem Wind erschwert Seegang die Ansteuerung. Die mallorquinische Küche des Hafenrestaurants genießt einen guten Ruf.

La Rápita

bildet den Mittelpunkt der Ensenada de la Rápita, einer 12 km langen Bucht zwischen Punta Plana im Westen und Colonia Sant Jordi im Osten mit der Dünenlandschaft Es Trenc, dem längsten und schönsten Strand Mallorcas. La Rápita ist eine moderne Marina mit 485 Liegeplätzen. Weitere Merkmale: guter Service, sauber, viel Platz für die Landlagerung, gutes Restaurant.

Colonia Sant Jordi

auch Puerto de Campos, ist der am südlichsten gelegene Hafen der Insel. Schon von weitem erkennt man die Hochhäuser der neuen Feriensiedlungen. Der kleine Fischerhafen kann nur von Booten mit geringem Tiefgang angelaufen werden, dafür findet man in der Bucht, deren Wasser von glasklarer Reinheit ist, gute Ankerplätze. Die vorgelagerten Inseln Guardia und Moltona gewähren ausreichend Schutz. An der Küste ziehen sich weite Sandstrände hin, und bunte Salzfelder zieren die Landschaft mit ihren Farbkompositionen.

Cala Santañy

Die Südostküste ist ab *Punta de las Salinas,* der Südspitze Mallorcas, mit Calas übersät. Cala Santañy, ein enger Einschnitt mit einer Feriensiedlung und Hotels und Pensionen, eignet sich nur für einen Badeaufenthalt. Bedingung: ruhiges Wetter. Der Anker findet im Sand guten Halt.

Cala Figuera

ist eine malerische Bucht mit einem idyllischen Fischerhafen, der eingebettet zwischen bewaldeten Felsen liegt. Die alte Siedlung wurde schon 1306 urkundlich erwähnt. 1569 wurde am Eingang der Bucht der Wachtturm zur Abwehr der Piraten errichtet. Liegeplätze sind knapp. Nur mit viel Glück erwischt man eine Lücke am Kai, der meistens von Fischerbooten belegt ist, sonst heißt es Ankern. Der Tonboden erfordert schweres Ankergeschirr. Wassertiefe im Hafen etwa 3 m.

Cala Mondragó

ist eine weitläufige Bucht in landschaftlich schöner Umgebung. Die Ufer ringsum sind dicht bewaldet und haben zum Teil Höhlencharakter. Blütenweiße Sandstrände laden zum Baden ein. Yachten finden gute Ankermöglichkeiten und genügend Raum zum Schwojen. Bei Seegang schwappt Schwell von den Felsen.

Puerto Petro

ist eine weite Bucht, in der Fischerboote und Yachten einträchtig nebeneinander liegen. Der kleine Fischerort, der sich am Südrand der verästelten Hafenbucht ausbreitet, hat sich wegen seiner idyllischen Lage zu einem beliebten Ferienziel entwickelt. Freunde köstlicher Fischspezialitäten kommen hier auf ihre Kosten. Die Restaurants sind einfach, doch dies tut ihrer Qualität keinen Abbruch. Der Hafen ist nur etwas für kleine Boote mit geringem Tiefgang. Dagegen findet man viel Platz zum Ankern.

Cala d'Or

bildet mit den benachbarten Buchten Cala Llonga und Cala Gran, die wie die Finger einer Hand tief in die Küste eingreifen, ein großes Fremdenverkehrszentrum. Die großartige Küstenlandschaft, in der der Natur noch viel Raum gelassen wurde, ist durchsetzt mit Sommerhäusern und Ferienbungalows, Hotels und Pensionen. Die Buchten bieten jeweils gute Sandstrände und Ankermöglichkeiten. In der Marina Cala d'Or liegen die Yachten so geschützt wie nirgends auf der Insel. Doch die 380 Liegeplätze für Yachten bis 25 m Länge haben ihren Preis. Dafür garantiert die Marina einen angenehmen Urlaubsaufenthalt.

Cala Ferrera

bildet mit Cala Esmeralda und Cala Serena eine der üblichen *Urbanizaciónes*, wie sie überall an der Küste, auch in den Touristenzentren des spanischen Festlandes, anzutreffen sind. Die fjordartigen Buchten dienen als Bade- und beliebte Ankerplätze. Je nach Windrichtung können Crews eine der Calas als Aufenthalt für die Nacht wählen.

Cala Mitjana

zeichnet sich durch Einsamkeit und viel Grün aus. Die Bucht, die sich in drei Seitenarme teilt, liegt abseits der großen Ferienzentren. Glück für die Segler und Motorbootfahrer, denn sie finden hier ruhige Ankerplätze.

Cala Arsenau

von Klippen und einer weit vorspringenden Halbinsel begrenzt, ist gegen Winde und Seegang gut geschützt. Sie ist eine schöne, verwinkelte Ankerbucht abseits der großen Touristenzentren.

Porto Colom

der alte Hafen der landeinwärts gelegenen Stadt Felanitx, liegt an einer fjordartigen, riesigen Bucht. Das urwüchsige Fischerdorf schart sich um die Kirche. Es wird mehr und mehr konfrontiert mit dem Tourismus, der sich in den verzweigten Nebenbuchten durch *Urbanizaciónes* ausbreitet. In den einfachen Lokalen wird der Fisch fangfrisch serviert. Die Bucht ist im Sommer übersät mit Ankerliegern. Die besten Ankerplätze findet man in der Mitte des Naturhafens, an der Ostseite wird es schnell flach. Die Marina des Club Náutico (252 Liegeplätze bis 15 m) gilt als sauber mit gutem Service. Porto Colom kann bei jedem Wetter angelaufen werden und bietet guten Schutz. Der Leuchtturm Punta de ses Crestas (de la Farola) thront majestätisch, von weitem sichtbar, auf einem mächtigen Felsplateau.

Cala Domingos

eine von Felsklippen, eleganten Villen und Ferienhäusern umrahmte, sandige Bucht, ist nichts für Einsamkeitsfanatiker, denn hier feiert der Tourismus fröhliche Urständ. Ein massiger Hotelbau und ein Restaurant mit Windmühle sind deutliche Erkennungszeichen. Ein krasser Gegensatz dazu ist die weiter nördlich gelegene

Cala Barcas

denn sie ist gänzlich unbebaut und besticht durch viel Grün und felsige Ufer. Wegen der Höhlen, die sich in das Gestein gefressen haben und den Piraten einst als Versteck dienten (Cuevas del Pirata), wird sie auch Piratenbucht genannt. Die Bucht ist nach Osten weit offen. Sie eignet sich nur für einen vorübergehenden Ankeraufenthalt.

Calas Estany den Mas, Anguila und Mandia

sind, obwohl mit Hotels und Ferienhäusern bebaut, reizvolle Sandbuchten, in denen im Sommer zwar der übliche Badebetrieb herrscht, die im Massentourismus aber dennoch nicht untergehen. Alle drei Buchten haben gut haltenden Ankergrund, trotzdem empfiehlt sich der Aufenthalt nur am Tag.

Porto Cristo

ist einer der ältesten Häfen der Insel, der im Mittelalter an einem geschwungenen Flußlauf gegründet wurde, um die schon in der Römerzeit entstandene 12 km entfernte Stadt *Manacor* – sie ist heute die zweitgrößte der Insel – vom Wasser her zu versorgen. Manacor ist eine alte Stadt des Kunsthandwerks. Heute noch wird die Insel von hier aus mit den traditionellen Möbeln im Stile Mallorcas beliefert. Die größte Anziehung auf die Besucher, die mit Bussen von überall her kommen, übt jedoch die Fabrikation von künstlichen Perlen aus. Man kann die Perlenfabriken besichtigen. „Majorica-Perlen" werden in die ganze Welt verschickt.

Wer mit dem Boot in Porto Cristo festmacht, sollte auch nicht versäumen, die in der Nähe liegenden Cuevas del Drach, die bekanntesten Tropfsteinhöhlen Mallorcas, zu besichtigen. Mit 1300 m Länge gehören sie zu den größten Europas. Auf dem unterirdischen Martel-See wird der Besucher, begleitet von symphonischen Klängen und raffinierten Lichteffekten, in eine Zauberwelt entführt.

Nach einer Legende folgten einst in Seenot geratene Fischer dem Kreuz des „Santo Cristo de Manacor" und erreichten dadurch den rettenden Hafen. So kam Porto Cristo angeblich zu seinem Namen. Aus dem ehemals kleinen Fischerort ist längst ein großer Urlaubsort geworden. Am 6. September 1989 wurde die bis dahin als absolut sicher geltende Marina des Club Náutico schwer verwüstet, als sich riesige Wassermassen, hervorgerufen durch sintflutartige Regenfälle in den Bergen, ihren Weg zum Meer bahnten. Zwölf Stege wurden hinweggeschwemmt, viele Yachten beschädigt. Wind und Wellen können dem Hafen dagegen weiterhin nichts anhaben. Der Club Náutico verfügt über 300 Liegeplätze. Man liegt ruhig wie in Abrahams Schoß.

Cala Bona

Neben Cala Millor, dem riesigen Feinsandstrand mit langer Touristenzentren-Kulisse, wirkt Cala Bona, das idyllische Fischerdorf mit kleinem Hafen, fast bescheiden. Wohl ist ein Ausbau zu einer modernen Marina geplant, doch vorerst stehen nur 156 Liegeplätze zur Verfügung, und die Wassertiefe beträgt nicht viel mehr als eineinhalb Meter. Es gibt auch kaum Versorgungseinrichtungen.

Cala de Canyamel

ist eine schöne Bucht mit einem weiten, felsdurchwachsenen Badestrand, begrenzt auf der einen Seite von Cabo Vermey mit den Artá-Tropfsteinhöhlen und auf der anderen von Cabo del Pinar ó del Ratx. Bei ruhigem Wetter kann man hier getrost vor Anker gehen und sich zu einer Höhlenbesichtigung an Land begeben. Der Höhleneingang mit auffallendem steilem Treppenzugang befindet sich an der Steilküste von Cabo Vermey in 40 m Höhe. Sehenswert ist auch Torre de Canyamel, ein massiges Befestigungswerk 6 km landeinwärts, das den von Piraten bedrohten Bauern als Zufluchtsort diente. Keinesfalls sollte man den Aufenthalt aber auf die Nacht ausdehnen, denn die nach Osten offene Bucht bietet keinerlei Schutz.

Cala Ratjada

ist ein großes, vor allem bei den deutschen Urlaubern beliebtes Fremdenverkehrszentrum mit entsprechend vielen Hotels, Pensionen, Restaurants und Andenkenläden. Ratjada präsentiert sich aber auch als idyllischer Fischerort mit einem anheimelnden Hafen. Liegeplätze an den Stegen vor der bunten Häuserkulisse sind knapp. Meistens wird man gezwungen sein, mit dem Boot im Vorhafen an der Innenseite des langen Wellenbrechers anzulegen.

Cala Ratjada, die „Rochenbucht“, ist der wichtigste Urlaubsort der Nordostregion und bietet viele Ausflugsmöglichkeiten, so das Schloß Capdepera mit einer gewaltigen Festungsanlage, rund 3 km entfernt. Man kann auch das vorspringende Kap Pera erklimmen, hinter dem sich der Hausstrand von Cala Ratjada,

Cala Guya

ausbreitet, ein Traum von Badestrand mit pulvrigem Sand und türkisfarbenem Wasser und der angrenzenden *Mula de la Agulla*. Die beiden Buchten sind durch einen ins Meer ragenden Fels, Punta Agulló, getrennt. Das Ufer ist bedeckt von schönem Nadelwald. Anschließend führt die Küste in einem Bogen um das trutzige *Cabo Freu* und schwenkt Richtung Nordwest, bevor sich bei dem 432 m in die Höhe ragenden, massigen *Cabo Farrutx* weit die Bahía de Alcudia öffnet.

Im Schatten des gewaltigen Gebirgszuges schmiegt sich der idyllische Ankerplatz der

Cala Es Caló

fast unmerklich an den Fels. Es ist eine 40 m lange Mole vorhanden, an der jedoch nur Boote bis maximal 1,6 m Tiefgang anlegen können. Größere Boote müssen in der Bucht auf engem Raum vor Anker gehen. Die klippenreiche Küste erfordert aufmerksames Navigieren.

Ca'n Picafort

ist ein pulsierendes Urlaubszentrum unter starker deutscher Beteiligung, entsprechend zahlreich sind die üblichen touristischen Einrichtungen wie Hotels, Restaurants und Souvenir-Shops. Von bescheidenerem Zuschnitt ist indes der Hafen, der in den letzten Jahren vergrößert und modernisiert wurde. Die Serviceangebote lassen (noch) zu wünschen übrig. Der Ort liegt an einem der schönsten Badestrände.

Puerto de Alcudia

Der ehemalige Fischerhafen an der weit gespannten Bucht gleichen Namens wird überragt von den felsigen Höhen der Halbinsel Victoria. Der Puerto hat stark städtischen Charakter und ist ein wahres Touristen-Imperium mit einem Riesenangebot an Einkaufsmöglichkeiten. Das eigentliche Stadtzentrum mit dem alten Stadtkern, der von einer zinnengekrönten Festungsmauer mit zwei wehrhaften Stadttoren umgeben ist, liegt 2 km zurück. Der Name Alcudia ist arabischen Ursprungs (arabisch al-kudia) und geht auf die Zeit zurück, als die Araber die Insel erobert und hier ihre Hauptstadt errichtet hatten. Der Badestrand, mit hübscher Promenade, ist einer der längsten Mallorcas. Die Marina hat mit 728 Liegeplätzen für Yachten bis 25 m Länge ebenfalls Rekordausmaße. Doch obwohl seit Jahren im Bau, ist sie bis heute nicht restlos fertiggestellt.

Barcarés

an der Südseite der Bucht von Pollensa ist ein kleiner Fischerhafen, der meistens voll belegt ist. Reizvoll an ihm ist vor allem die schöne landschaftliche Umgebung. Vorsicht bei der Ansteuerung: Vor dem Hafen tut sich ein Klippengarten auf.

Bon Aire

auch Puerto „El Cocodrilo“ (Krokodil), ist ein lieblicher Ort ebenfalls an der Südseite der Bucht von Pollensa mit einem intimen Hafen. Es stehen nur 324 Liegeplätze zur Verfügung. Größere Yachten (bis 25 m Länge) müssen in der engen Einfahrt vorsichtig manövrieren. Bei Nordwind ist die Ansteuerung nicht ungefährlich. Alcudia ist nur 2 km entfernt.

Pollensa

ist eine römische Gründung und gehört zu den ältesten Siedlungen der Insel. Viele Mallorquiner meinen, Pollensa sei die heimliche Hauptstadt, Palma lediglich der Regierungssitz. Pollensa ist abgeleitet von „Pollentia“ und bedeutet „die Starke“. Wie Alcudia liegen die Stadt, die eine typische mallorquinische Kleinstadt ist, mit engen, verwinkelten Gassen, und ihr Hafen rund 5 km auseinander. Puerto de Pollensa hat sich zu einem quicklebendigen Touristenort entwickelt mit einer Fülle Straßencafés, Restaurants, Souvenir-Shops, Bars und Diskotheken, dennoch ist sein mediterranes Flair erhalten geblieben. Berühmt ist Pollensa wegen seiner internationalen Musikwochen in einem ehemaligen Dominikanerkloster.

Schon um die Jahrhundertwende hieß es, „die feinen Leute gehen nach Puerto de Pollensa“. Ein Hauch von Exklusivität haftet auch der modernen Marina an, die aus einem bescheidenen Fischerhafen entstanden ist. Die Erweiterungsarbeiten sind inzwischen weitgehend abgeschlossen. Es gibt viel Platz (375 Liegeplätze) und auch gute Ankermöglichkeiten in der Bucht. Eine Gefahr stellen die Fallwinde von den Bergen dar.

Die weite Bucht von Pollensa besticht durch eine grandiose Naturkulisse. Steilufer auf beiden Seiten: auf der einen der 7 km lange Bergrükken mit der Stadt Alcudia, auf der anderen die mächtige Halbinsel Formentor, die sich 12 km ins Meer hinausschiebt und zugleich den nördlichsten Punkt Mallorcas bildet.

Die Fahrt mit dem Boot um *Cabo Formentor* (der Leuchtturm stammt aus dem Jahr 1862) ist ein atemberaubendes Erlebnis. Steil wächst das Felsgestein aus dem Wasser. Auf der Südseite gilt die *Cala Posada* mit dem Nobelhotel Formentor und schönem Strand als der reizvollste Ankerplatz.

Auf der Nordseite ist es die *Cala San Vicente*. Die kleine Fischersiedlung, die lange ein beschauliches Dasein führte, wurde inzwischen vom Tourismus entdeckt. Doch noch vermag sie zu bezaubern. Das Wasser in der Bucht leuchtet in allen Grün- und Blautönen.

Nach *Kap Formentor* öffnet sich weit die gebirgige Nord- und Nordwestküste, die denjenigen, der sie befährt, mit einem Naturerlebnis ganz besonderer Art belohnt.

Cala Calobra

ist einer der meistbesuchten Orte Mallorcas. Man erlebt ein Wildbachtal mit tiefen Felseinbrüchen, Labyrinthen und Schluchten, durch das sich der Torrent de Pareis seinen Weg zum Meer gegraben hat. Es ist eine Bilderbuch-Landschaft, wie man sie nur selten findet. An das Flußdelta schließt sich ein kleiner, feinsandiger Badestrand an, der im Sommer von den vielen Besuchern bevölkert ist, die als Wanderer oder mit dem Ausflugsboot hierher kommen. Ankern bei ruhigem Wetter möglich.

Cala Tuent

ist ebenfalls eine malerische Bucht mit Kiesstrand, von Puerto de Sóller knapp 5 sm entfernt. Es sind nur wenige Ferienhäuser vorhanden, und es kommen auch weniger Besucher her als nach Cala Calobra. Ein Ankeraufenthalt empfiehlt sich hier eher, zumal der Ankergrund (Sand) guten Halt bietet.

Puerto de Sóller

ist der einzige Hafen an der Nordwestküste und kann bei jedem Wetter angelaufen werden. Schon aus weiter Entfernung weist das hoch aufragende *Cabo Gros* mit dem Leuchtfeuer den Weg. Die alte Stadt Sóller, umgeben von dicht mit Kiefern bewachsenen Bergen, befindet sich

5 km entfernt. Sie liegt malerisch hingebettet in einem sonnigen und fruchtbaren Tal. Eine Bimmelbahn (Baujahr 1912) verbindet sie mit dem Hafen, der ringsum von Bergen eingeschlossen ist. Er ist ein lebendiger Touristenort. Liegeplätze am Kai sind knapp, Ankerplätze in der Naturbucht dafür um so reichhaltiger vorhanden.

Bañalbufar

Deyá, Valldemosa, Bañalbufar und *Estallenchs* sind bekannte und gewiß sehenswerte Ausflugsorte an Mallorcas Bilderbuchküste des Nordwestens. Dem Wassersportler haben sie jedoch nicht viel mehr zu bieten als Minihäfen und bescheidene Landeplätze, die nur den Fischern zur Verfügung stehen. Alle diese Orte erreicht man besser auf kühn geführten Panoramastraßen.
Am deutlichsten von der Seeseite fällt Bañalbufar mit seinen in arabischer Zeit kunstvoll angelegten Terrassenkulturen ins Auge. Bañalbufar (arabisch bany-al-bahar) bedeutet „kleiner Weingarten am Meer". Doch inzwischen sind größtenteils Obstplantagen daraus geworden. Das Bewässerungssystem, das ebenfalls von den Arabern geschaffen wurde, funktioniert heute noch.

Insel Dragonera

An die wundersame „Dracheninsel" erinnert sich jeder, der schon einmal von Ibiza herübergesegelt kam. Wie ein stummer Wächter liegt sie lang ausgestreckt im Meer, bis zu 376 m hoch aufragend, und markiert weit sichtbar die Südwestspitze Mallorcas. Glücklicherweise ist sie unter Naturschutz gestellt. Das hat sie, nachdem Immobilienhaie die Hand schon begierig nach ihr ausgestreckt hatten, vor Zerstörung bewahrt und hat die seltene Natur- und Pflanzenwelt erhalten. Mit dem Boot darf man dort also nicht anlegen, dafür finden sich gegenüber vor

San Telmo

(Sant Elm), dem westlichsten Ort der Insel, beschützt durch die Isla Pantaleu, schöne Ankerplätze (Sand). Man kann Spaziergänge zum Kastell Sant Elm, einer Schloßruine aus dem 14. Jahrhundert, und zum Trapistenkloster La Trapa unternehmen.

Puerto de Andraitx

Bis Mitte der siebziger Jahre war der wunderschöne Naturhafen noch ein recht verschlafenes Fischernest, doch dann fand die Prominenz (Persiens Ex-Kaiserin Soraya, Peter Ustinov, Geld- und Geburtsadel) Gefallen an der fjordartigen Bucht, und es begann eine stürmische Urbanisation. Heute sind die Höhen ringsum dicht besiedelt, zum Teil mit kühnen Architekturen. Am Wasser hat die „weiße Industrie" mit Restaurants und Boutiquen ebenfalls Einzug gehalten. Der Puerto hat seine Spitzenstellung als einer der schönsten Häfen Mallorcas dennoch bewahrt. Andraitx, das alte Andrachium der Römer, liegt 5 km entfernt in einer hügeligen, blühenden Gartenlandschaft. Die Marina des Club de Vela (475 Liegeplätze) verfügt über gute Reparaturdienste. In der ganzen Bucht kann ohne Längenbeschränkung geankert werden.

Santa Ponsa

Die weite *Ensenada de Santa Ponsa* ist ein rechtes Wassersport-Paradies. Am Ende der Bucht, ausgefüllt mit den Hotelbauten von *Paguera,* einem „deutschen" Ferienort vor waldigem Hügelland, und der Häuserzeile von Santa Ponsa, ankern bei ruhigem Wetter Segel- und Motorboote zuhauf. Im Südosten wurde eine früher beliebte Ankerbucht zur Marina de Santa Ponsa umfunktioniert. Wie maßgeschneidert paßt sie sich dem verwinkelten Einschnitt an. Die wichtigsten Merkmale dieses modernen Sportboothafens: geschützt, sauber und gut bewacht.

Pedro Nadal Salas

Dieser Hafen ist ein gutes Beispiel für den Sprachenwirrwarr auf Mallorca. Gleich drei Namen stehen zur Auswahl, und der arme Besucher aus dem Ausland kann sich nun überlegen, welchem er den Vorzug gibt: „Pedro Nadal Salas", bislang die offizielle Bezeichnung, oder einfach „El Toro", nach der Leuchtturminsel 1,7 sm südlich, oder „Port Adriano", die neueste Variante. In jedem Fall ist es eine brandneue Marina vor imposanter Gesteinskulisse. Sie wurde aus dem Fels förmlich herausgesprengt. Der Ausbau dauert immer noch an. Bis 1992 soll das Liegeplatzangebot von bisher 369 auf 446 Plätze (für Boote bis 25 m Länge) erweitert sein.

Portals Vells

Nach dem Runden von *Punta de Cala Figuera* mit erhabenem Leuchtturm öffnet sich riesig die Bucht von Palma. Erster Hafen an der Westseite der Bahía ist der in der Cala de Portals landschaftlich schön gelegene Puerto Deportivo Portals Vells mit nicht mehr als 70 Liegeplätzen. Nach der Feriensiedlung oberhalb des Privathafens wird er auch „Sol de Mallorca" genannt.

Palma Nova

und *Magaluf* – allmählich zusammengewachsen – repräsentieren zwei gegensätzliche Varianten des Mallorca-Tourismus. Dicht an dicht stehen in Magaluf die Hochhäuser, Andenkenläden, Fastfood-Lokale und Pubs – der Badeort ist eine englische Enklave. English way of life total – einschließlich „Hooligans". Dagegen erscheint Palma Nova, der Nordnachbar, fast wie eine gepflegte Villenkolonie. Der kleine Bootshafen vor einem riesigen Hotelkomplex (72 Liegeplätze) wirkt puppenhaft-verspielt. Er ist nur etwas für Motorboote bis 1 m Tiefgang.

Puerto Portals

vor der Haustür Palmas, ist zum Renommierhafen der Inselmetropole und zu einem der nobelsten Häfen des Mittelmeeres herangewachsen. Hier schaukeln die teuersten Yachten im sauberen Hafenwasser. Alles ist vom Feinsten. Satelliten-TV und Telefon gehören ebenso zu jedem Liegeplatz wie Rund-um-die-Uhr-Bewachung. Die Ladenzeile mit teuren Boutiquen und Restaurants gerät am Wochenende, wenn Palmas Bewohner aus der Stadt flüchten, zum Promenierboulevard. Lukullischen Genuß verheißt der Münchener Drei-Sterne-Koch Heinz Winkler im „Tristan".

Calanova

Im Stadtteil Sant Augustin von Palma bietet dieser gut geführte Hafen 214 Liegeplätze an. Betreiber ist die „Escuela Nacional de Vela Calanova", eine staatliche Segelschule. Charakteristische Ansteuerungshilfe leistet der alte Wachtturm auf der Inselgruppe Las Illetas.

Cabrera

Der Archipel, eine Oase unberührter Natur, nur neun Meilen von der Südspitze Mallorcas entfernt, der sich aus 17 Inseln, Inselchen und Klippen zusammensetzt, mit Cabrera als größter und höchster Erhebung mittendrin, war in der Vergangenheit ein heißgeliebtes Törnziel der Balearen-Segler. Seit dem 1. Mai 1991 ist das Ziel jedoch in unerreichbare Ferne gerückt, denn an diesem Tag erklärte das spanische Parlament die Inselgruppe zum Naturschutzgebiet. Berufs- und Sportschiffer dürfen sich ihr nur noch bis auf eine Seemeile nähern. Was bleibt, ist für viele Yachtcrews wehmütige Erinnerung und die Hoffnung, daß der Inseltraum eines Tages doch wieder wahr werden möge.

2 SCHÖNHEIT, DIE IM VERBORGENEN BLÜHT

MENORCA IST EIN GEHEIMTIP

So wie hier an der Ostseite erlebt man Menorcas Küste an vielen Stellen – das Wasser kristallklar, die Ufer frei von Hochhausbauten. Häfen und Marinas sind dünn gestreut, es dominieren die Naturankerplätze. Menorca ist ein Inselparadies, das seine Natürlichkeit weitgehend bewahrt hat.

Am Ende eines langen Hafenschlauches breitet sich die „weiße Stadt“ Ciudadela aus. Wenn man mit dem Schiff ankommt, zeigt sie sich von ihrer schönsten Seite. Für viele Crews auf ihrem Törn rund um die Insel ist sie die erste Station von Mallorca nach Menorca. Die Einfahrt wird flankiert von einem Leuchtfeuer und einem mittelalterlichen Turm. Man kann bis zum Altstadtzentrum am Ende des Fjordes vordringen und dort vor Anker gehen. Zu beiden Seiten des Meeresarmes ist es ausreichend tief. Ankerplätze finden sich auch in den seitlichen Ausbuchtungen. In der südlichen Nachbarbucht, Cala Degollador (rechter Bildrand), soll eine moderne Marina gebaut werden. Die Pläne dafür liegen seit langem in der Schublade. Mit der Fertigstellung würde auch Ciudadela über einen den Anforderungen der Sportschiffahrt entsprechenden Hafen verfügen.

1

2

3

1 *Auf zerklüftetem Untergrund: Leuchtfeuer Cabo Nati in 40 m Höhe markiert die Nordwestspitze Menorcas.*
2 *Eine Cala, die es gleich auf drei Buchten bringt: Santandria ist ein guter Ankerplatz an der Westküste.*

3 *Hier endet der Hafenschlauch in Ciudadela. Wie auf einer Perlenschnur aufgereiht liegen die Yachten am Kai der schönen spanischen Altstadt. In erhöhter Position das Rathaus, einst Alkazar der Araber (rechter Bildrand).*

1

1 Von zwei Felsarmen unterschiedlicher Erdstruktur geschützt: Cala Morell ist eine wilde Bucht.
2 Cabo Caballeria auf einer vorgeschobenen Halbinsel – kein anderes Feuer der Balearen brennt so weit nördlich.
3 Cala Pregonda an der Nordküste – eine Bucht mit einsamen Sandstränden.

Ein Hafen wie gemalt – das ist Puerto de Fornells tief in einer Bucht, die mit zum Schönsten gehört, was Menorca anzubieten hat. Lautes Tourismusgetöse ist dem idyllischen Fischerort fremd, ebenso häßliche Hochhäuser und ausufernde Feriensiedlungen. In Fornells scheint die Zeit stehengeblieben zu sein. Am Hafen gehen die Fischer wie von alters her ihrer Beschäftigung nach. Die Häuser, die den Hafen kalkweiß und mit pupurroten Dächern umstehen, haben jenen altmodischen Charme, der an längst vergangene Zeiten erinnert. Wie gut, daß es in Fornells so ist.

1

2

3

1+3 Addaya an zwei langen Meeresarmen ist beides – eine wunderschöne Bucht und eine heimelige Marina. Zusammen ergibt dies eine Ferien-Traumlandschaft an Land wie auf dem Wasser.

2 Zwei unbewohnte Inseln mit alten Befestigungsanlagen in der Bucht Fornells: Sargantana und Ravells. Man kann in ihrem Schutz ankern. Es wird schnell flach, vor allem an der Ostseite.

1

2

3

4

1 Wenn die Wellen hochgehen, wird das zernagte Gestein mit Wasser überschüttet. Dann steht das Feuer Cabo Favaritx wie ein Turm in der Brandung.

2 Ein Platz, der demjenigen, der hier ankert, ganz allein gehört: Cala Caldés.

3 Eine Bucht im Halbkreis um einen schneeweißen Fischerort: El Grao in der Cala Es Grau.

4 Eine klippenreiche Schönheit: Cala Mesquida. Bei der Ansteuerung ist Vorsicht geboten.

1

2

3

1 *Einer der berühmtesten Häfen der Balearen: der fjordartige Naturhafen Mahón, der im Weltmaßstab in puncto Größe nur von Pearl Harbour übertroffen wird. Liegeplätze gibt es überall – am Kai, in einer der Nebenbuchten oder am Rande des Fahrwassers.*
2 *Seitenbucht Cala Figuera: Am Kai vor gebogener Häuserzeile finden sich beim Club Marítimo Mahón 130 Liegeplätze. Allein 56 davon stehen Gastliegern zur Verfügung.*
3 *Seitenbucht Cala Fonts: Anlegen am Kai oder Ankern in der Bucht – beides ist möglich. Hausherr ist der Club Náutico Villacarlos, denn das Stadtgebiet von Mahón beginnt weiter hinten im Golf.*
4 *Seitenbucht Cala Pedrera: Liegeplätze sind knapp, doch wer hier mit seinem Boot vor Anker liegt, hat Ruhe um sich und ein felsiges Naturufer.*

2

3

1 *Eine Cala der Fischer: San Estéban. Das Leuchtfeuer Punta de San Carlos auf der Landspitze zeigt die Einfahrt an in den Mini-Hafenschlauch und nach Mahón.*

2 *Eine der bekanntesten Buchten an der Südküste Menorcas: Cala Santa Galdana.*
3 *Eine Traumbucht: Macarelleta, die kleine Schwester der großen Cala Macarella.*

Lange stand Menorca, die kleinere Schwesterinsel, im Schatten Mallorcas. Doch längst hat sie sich, touristisch gesehen, zum Geheimtip entwickelt. Denn mit Hochhäusern zugebaute Ufer gibt es hier nicht. Dafür die saubersten Strände der Balearen und viele ruhige Ankerbuchten. Wenn man alle an der 217 km langen Küste zusammenzählt, die großen und die kleinen, kommt man auf rund 120. An der Nord- und an der Ostseite sind die Buchten zahlreicher als im Süden. Die Südküste weist nur im Westteil einige wunderschöne Naturhäfen auf. Die Landschaft erinnert ein wenig an Schottland – aber mit Sonne.

Nur vier Häfen gibt es auf der 47 km langen und zwischen 10 und 19 km breiten Insel: Ciudadela, Mahón, Fornells, Addaya. Während Mallorca weitgehend vom Tourismus abhängig ist, leben die 60000 Menorquiner in erster Linie von der Landwirtschaft. Die Rinderherden sind Grundlage für die einträgliche Käseindustrie und Lederverarbeitung. Die italienische und die französische Haute Couture lassen nach ihren Entwürfen Taschen und Schuhe fertigen.

Die beiden ungleichen Schwestern unterscheiden sich nicht nur landschaftlich, sondern auch in der Mentalität ihrer Bewohner. Menorca, windzerzaust, ist relativ flach. Höchste Erhebung ist mit 358 m der Monte Toro. Heute noch ist – vor allem in Mahón – spürbar, daß die Insel ein knappes Jahrhundert unter englischer Herrschaft stand. Die Engländer waren es auch, die den Menorquinern zeigten, wie man Gin braut, der immer noch ein wichtiger Exportartikel ist.

Menorca ist übersät mit steinernen Zeugen der Vergangenheit. Man schätzt, daß es 1500 Steinmonumente gibt, die über die ganze Insel verstreut sind. Sie heißen Talayots, Taulas und Navetas.

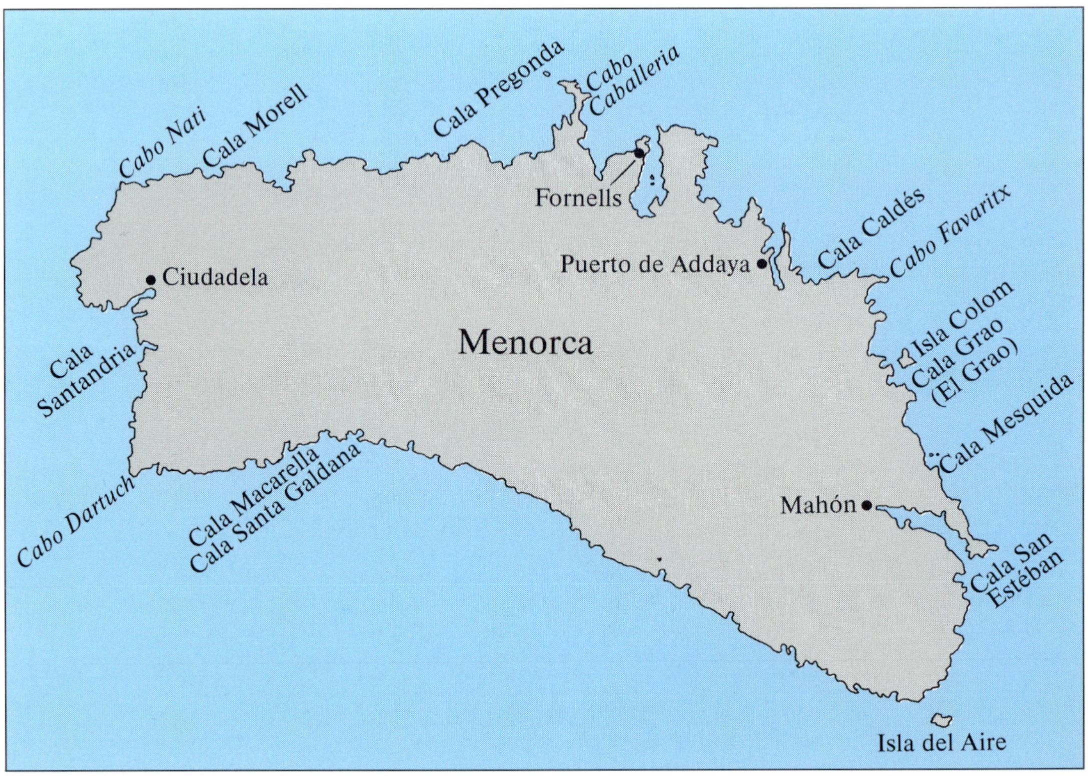

Ciudadela

war früher der Mittelpunkt Menorcas, jetzt ist es Mahón. Für die Segler, die von Mallorca herüberkommen, ist die Stadt an der Westseite der Insel meistens der erste Anlaufpunkt. Cabo Dartuch, der waagerecht schwarz-weiß gestreifte Leuchtturm, der sich an der Südwestspitze 35 m in die Höhe reckt, weist den Weg. Menorca, wie auch die anderen Baleares, ist mit Leuchttürmen gut bestückt, die Navigation kein Problem.

Auch die Einfahrt nach Ciudadela ist durch einen Leuchtturm auf der nördlichen Einfahrtshuk markiert. Die „weiße Stadt", die sich am Ende eines 1 km langen, engen Fjordes ausbreitet, zeigt sich von ihrer eindrucksvollsten Seite, wenn man mit dem Schiff ankommt. Das Wasser ist bis an die Felsen zu beiden Seiten ausreichend tief. Man kann weit in den Hafenschlauch vordringen. Die Ufer sind zu Kaianlagen ausgebaut. Man sollte in Höhe der Costa del Moll (einlaufend an Steuerbord) vor den Restaurants vor Anker gehen. Hier schlägt das Herz der „Meile". Richtig zum Leben erwacht sie jedoch erst gegen zehn Uhr abends. Auf der gegenüberliegenden Seite, der Moll Comercial, machen, wie schon der Name sagt, die Frachtkähne und Fischerboote fest. Liegeplätze sind dort rar.

Ciudadela war bis 1722, bevor es von der ewigen Konkurrentin Mahón aus dieser Position verdrängt wurde, Inselhauptstadt. Im Gegensatz zu Mahón vermittelt das 16000 Einwohner große „Städtchen" (die wörtliche Übersetzung für Ciudadela) durchaus einen spanischen Eindruck mit herrlichen Palästen und mittelalterlichen Kirchen. Am sehenswertesten ist die Kathedrale, die auf den Mauern der alten Moschee errichtet wurde. In der schönen Altstadt mit ihren weiß getünchten Häusern läßt es sich herrlich durch enge Gassen bummeln. Geschäft reiht sich an Geschäft. In den gemütlichen Cafés trifft man – für die Balearen längst keine Selbstverständlichkeit mehr – mehr Einheimische als Touristen. Ciudadela hat etwas Schläfriges, wohltuend Beruhigendes.

Im Hafen liegt man ruhig und geschützt – mit einer Einschränkung: Den „Rissagues", das sind Wasserstandsschwankungen bis zu einem Meter, die urplötzlich auftreten und eine gewaltige Flutwelle nach sich ziehen, ist man als Skipper hilflos ausgeliefert. Zuletzt war Ciudadela im Jahr 1984 davon betroffen. An den Hafenanlagen und Schiffen entstand schwerer Sachschaden. Die Naturerscheinung gibt den Wissenschaftlern bis heute Rätsel auf.

Cala Santandria

Eine Liegeplatzalternative zu Ciudadela ist an der Westküste die Cala Santandria, ca. 1 sm südlich. Ein alter, zerfallener Turm kennzeichnet die Einfahrt in die gekrümmte Bucht, die sich wie ein Wurmfortsatz in das Land einfügt. Restaurant und Bar sowie Supermarkt befinden sich in der Nähe. Der Ankergrund ist gut haltender Sand.

Cabo Nati

Von Ciudadela führt der Kurs – bei der Insel-Umrundung im Uhrzeigersinn – um Cabo Nati. Der 1912 gebaute Leuchtturm, 40 m über dem Meer, markiert nicht nur die Nordwestspitze der Insel, sondern zeigt zugleich an, daß die Küste jetzt hoch aufragt, sich zum Teil schroff und zerklüftet gibt und zum Meer steil abfällt.

Bei starkem Nordwind sollte man diese Seite der Insel meiden und sich auch nicht in die Passage zwischen Mallorca und Menorca (Canal de Menorca) hinauswagen. Wegen der großen Wassertiefen (2500 m und mehr) türmt sich die See zu hohen Wellenbergen auf.

Cala Morell

ist an diesem Küstenabschnitt sicherlich die landschaftlich reizvollste Bucht, trotz der Feriensiedlung, die sich immer enger um sie legt. Die Cala bietet interessante Einblicke in die Erdstruktur. Auf der einen Seite tritt Kalkstein hervor, während auf der anderen Konglomeratgestein mit bizarren roten Sandsteinbrokken eine zerklüftete Landschaft bildet. In der hufeisenförmig umschlossenen Bucht findet man sichere Ankerplätze mit Bar und Restaurant an Land. Zum Schwojen in dem engen Loch ist es ziemlich eng. Es empfiehlt sich, mit einer Heckleine sicheren Landkontakt herzustellen.

Der reizvolle Norden Menorcas überrascht mit immer neuen überwältigenden Ausblicken. Auf der Fahrt gen Osten ziehen gewaltige, rotbraun gefärbte Felswände vorüber, die steil zum Meer abstürzen. Ziemlich in der Mitte der Küste öffnet sich weit die

Cala Pregonda

mit herrlichen, fast unberührten Sandbuchten. Hier reiht sich eine Bucht an die andere: *Cala Binimalla, Cala Mica, Puerto Nitge.* Sie alle bilden zusammen eine halbkreisförmige, golfartige Einbuchtung, begrenzt von den Inseln *Bledas* im Westen und *Nitge* im Nordosten. Welcher von ihnen der Vorzug zu geben ist, muß jeder selbst entscheiden, doch es kann kein Zweifel bestehen, daß die mit hellen Felsklippen durchsetzte Cala Pregonda am malerischsten ist. Da die ganze Bucht von Felsen und Untiefen gesäumt ist, sollte man nur bei Tageslicht einlaufen und mit größter Aufmerksamkeit navigieren. Ankern ist nur bei ablandigem Wind möglich.

Cabo Caballeria

bildet den Endpunkt einer sich über fast zwei Meilen ins Meer hinausschiebenden Halbinsel mit einem trutzigen Leuchtturm darauf, der aus 84 m Höhe sein Licht weit in die Nacht hinausschickt. Er wirkt wie ein vorgeschobener Wachtposten am nördlichsten Punkt Menorcas, der zugleich der nördlichste der Balearen ist. Die Ufer derFelsenhalbinsel fallen steil ab.

Die besten Kartographen der Welt

200 Jahre lang, zwischen 1300 und 1500, waren die Balearen ein Zentrum des nautischen Wissens und des Handels im westlichen Mittelmeer, Palma ein Welthafen. Mehr als 300 Segelschiffe mit Mastkorb waren um 1300 in das Schiffsregister eingetragen. Die Inseln profitierten von ihrer günstigen Lage im *Mare nostrum,* wie die Römer das Mittelmeer einst nannten. Denn hier kreuzten sich die Kurse der Schiffe, die zwischen den italienischen, französischen, spanischen und nordafrikanischen Häfen verkehrten. Zu dieser Zeit galten die *mallorquinos* und *menorquinos* auch als die besten Kartographen der Welt. Die farbigen, kunstvoll angefertigten Seekarten hatten auch damals schon ihren Preis. Amerigo Vespucci beispielsweise, der italienische Seefahrer, zahlte für eine kostbare Karte des Gabriel de Valesca im Jahr 1438 die stolze Summe von 130 Golddukaten, zu damaliger Zeit ein Vermögen. Die Karte kann neben vielen anderen prachtvollen Exponaten im Museo Maritim in Palma bewundert werden.

Fornells

Der Puerto ist eines der Glanzlichter der Insel. Durch einen engen Schlauch gelangt man in die weite Bucht von Fornells, die nach 4 km in einer sumpfigen Landschaft endet. Die Bahía mit ihrer stillen Landschaft ist ein Tierparadies. Über einer stillgelegten Saline kreisen Fischreiher. Die Ansteuerung ist bei Tag und Nacht, selbst bei frischem Nordwind, ohne Schwierigkeiten möglich. Auf dem westlichen Einfahrtskap fällt von weitem der 1625 gegen Piratenüberfälle errichtete Torre de Fornells, ein mächtiger Rundturm, ins Auge. Er steht über einer unterirdischen Kasernenanlage, die einst 100 Soldaten Platz bot. Nachts weist ein Richtfeuer (178,5 Grad) auf dem Felseiland Sargantana im Innern der Bucht den Schiffen den Weg.

Fornells ist ein kleiner, intimer Fischerhafen, in dem man sich bei jedem Wetter sicher fühlen kann. Liegeplätze (bis 2,5 m Tiefgang) gibt es nur für wenige Yachten am Kopf der Mole. Man kann auch vor dem Hafen ankern.

Das verträumte Fischernest ist etwas für Individualisten – und natürlich Segler. Lautes Urlaubsgetöse ist ihm fremd. Es gibt nur ein paar winzige Hotels. Einen guten Ruf genießen die Restaurants mit ihren Fischspezialitäten. Fisch kommt durch die Fischer des Ortes frisch auf den Tisch.

Cala de Addaya

Nichts könnte den Ruf Menorcas als Insel des „gemäßigten" Tourismus besser unter Beweis stellen als diese wunderschöne Bucht, die sich in eine Ferien-Traumlandschaft verwandelt hat. Zwei fjordähnliche Meeresarme erlauben dem Bootsfahrer ein tiefes Vordringen in das Land. Auf einem Zickzackkurs um Klippen und Inselchen, vorbei an Buchten und weißen Ferienhäusern, gelangt man schließlich in den Puerto de Addaya, der sich von einem ringsum geschützten Naturhafen zu einer modernen Marina mit viel Atmosphäre gemausert hat. Sie ist von Jahr zu Jahr erweitert worden. Inzwischen können 180 Boote an Schwimmstegen festmachen. Für 120 kleinere Boote ist Platz an Land und in einer Halle. Restaurant, Supermarkt und Telefon im Ort oberhalb des Hafens.

Cala Caldés

ist ein stiller Ankerplatz mit interessanten Zeichnungen im in allen Blautönen gefärbten Wasser. Plätze wie diesen, die man ganz für sich allein hat, gibt es reichlich an der menorquinischen Küste.

Cabo Favaritx

Aus 47 m Höhe schickt der grau-weiß gestreifte Leuchtturm von dem Kap aus sein Licht auf das Wasser. Das schiefrige Gestein, auf dem er steht, erscheint wie durch Verwitterung zernagt. Es sieht einer Mondlandschaft nicht unähnlich.

El Grao

auch Es Grau genannt, ist eine idyllische Fischerkolonie am Rande einer gekrümmten Bucht, in der es sich herrlich ankern läßt. Der Bucht vorgelagert ist die bis 44 m hohe Insel Colom. Mit 1,5 km^2 ist sie die größte um Menorca. In ihrem Umkreis gibt es ein weiteres großes Buchtenterrain. Der verträumte Ort in landschaftlich schöner Umgebung ist vom Tourismus noch nicht erobert. Viele Inselbewohner verbringen hier das Badewochenende. In der Nähe befindet sich ein sehenswertes Landschaftsgebiet, die Albufera. An dem Süßwassersee, dem einzigen Menorcas, nisten seltene Vögel.

Cala Mesquida

ist Mahóns nächst gelegener Badeort. Um die klippenreiche Bucht, der in einiger Entfernung drei kleine Inseln vorgelagert sind, zieht sich eine Feriensiedlung hin. Der kleine Ort ist nicht ohne Reiz, doch bei der Ansteuerung ist Vorsicht geboten. Ein wenig erinnert Mesquida an eine nordische Fjordlandschaft.

Mahón

katalanisch Mao, ist mit 25 000 Einwohnern die Hauptstadt der Insel. Der Naturhafen, der sich fast 3 sm in das Land vorschiebt, ist der zweitgrößte der Welt. Er wird nur von Pearl Harbour übertroffen. Der erste, der dies erkannte, war Hannibal. Später lobte Admiral Nelson während seines Aufenthaltes mit Lady Hamilton in Mahón die Vorzüge der Hafenbucht.

Wenn man Kurs auf die nach Südosten offene Einfahrt nimmt, liegt an Steuerbord zunächst das Felsmassiv der Halbinsel La Mola mit der Festung und dem ehemaligen Militärgefängnis Fortaleza de Isabel II, an Backbord das Leuchtfeuer Punta de San Carlos mit den Resten des Castillo de San Felipe. Anschließend schiebt sich die Insel Lazareto vor den Bug, die zu Beginn dieses Jahrhunderts durch einen Kanal vom Festland abgetrennt wurde. Dahinter das Inselchen Plana de Mahón, zur Linken das Städtchen Villacarlos (ehemaliges, von den Engländern im 18. Jahrhundert gegründetes Militärlager Georgetown) und die Ankerbuchten Cala Pedrera, Cala Fonts, Cala Corp.

Wind und Wetter

Mallorca gilt als die lieblichere, die mildere Insel. Menorca wird dagegen auch die „Windinsel" genannt. Crews, die sportliches Segeln bevorzugen, werden hier eher zu ihrem Recht kommen. Ein menorquinisches Sprichwort lautet: „El viento tramontana dura una semana" – der Tramontana bläst eine Woche. Menorca zeichnet sich aus durch warme, windreiche Sommer und milde Winter. Es fällt schwer, von im Sommer vorherrschenden Winden zu reden, denn jedes Kap hat seine eigenen Winde. Hinzu kommen die thermischen Winde. Bei Mistrallage im Golfe du Lion kann es an der Nordküste zu auflandigen Winden mit Sturmstärke kommen.

Richtig heiß wird es auf Menorca nur selten. Während das Thermometer meistens bei etwa 25 Grad Celsius stehenbleibt, kann es zur gleichen Zeit auf Mallorca auf weit über 30 Grad klettern.

Auf der gegenüberliegenden Seite erkennt man die schöne Cala Llonga, ein Stück weiter noch eine zum Ankern gut geeignete Seitenbucht, Cala de San Antonio. Das Ufer zeigt schmucke Ferienhäuser mit eigenem Bootsplatz, Typ Herrensitz im Kolonialstil.

Bevor man den Innenhafen erreicht, gleitet das Boot an der Isla del Rey vorüber, die man an beiden Seiten passieren kann, läßt sodann an Backbord die Cala Figuera mit dem Club Marítimo und erreicht schließlich den Innenhafen mit den Kaianlagen zu Füßen der Altstadt, die sich auf einem 60 m hohen Plateau ausbreitet. Der angelsächsische Einfluß ist nicht zu leugnen. Man findet zwar – typisch spanisch – enge, verwinkelte Gassen, doch die geduckten Häuser ohne Balkone mit ihren grünen Fensterläden und den nach oben schiebbaren Fenstern vermitteln einen ganz anderen Eindruck als sonst auf den Balearen. Sehenswert ist die Markthalle im alten Kreuzgang eines ehemaligen Klosters.

In den Restaurants, besonders an der Hafenpromenade, wird Fisch in allen Variationen serviert. Dazu bekommt man eine dicke Soße aus Eigelb, Öl und Knoblauch, die „salsa mahónesa", unsere Mayonnaise, die von französischen Besatzungssoldaten im 18. Jahrhundert von Mahón aufs Festland mitgebracht wurde.

Mahón eignet sich neben Ciudadela am besten als Ausgangspunkt für einen Inselausflug mit Leihwagen. Das 700 km² große Menorca ist wie ein Stück Schottland mit vom Wind gebogenen Bäumen, grünen Hügeln und einem Geflecht aus Hecken und Steinwällen, die sich zum Schutz der kostbaren Muttererde kilometerweit über die Insel hinziehen.

Die Liegeplatzsituation in Mahón hat sich gebessert. Außer beim Club Marítimo (es wurde ein zusätzlicher Steg mit 30 Liegeplätzen installiert) finden Yachten jetzt auch reichlich Platz am neu ausgebauten öffentlichen Kai im Innenhafen. Empfehlenswert sind die Muringplätze vor dem Hafenamt, weil dort Duschen/WC, Wäscherei, Supermarkt, Bank, Servicestationen, Nautikshops, Telefon, Restaurants am nächsten sind. Westlich des Fähranlegers bietet „Pedro's Boat Centre" Liegeplätze für kleinere Boote an Schwimmstegen an. Zum Tanken (Diesel/Benzin) muß man nach wie vor in die Cala Figuera verholen.

In dem buchtengespickten Hafenfjord ist außerdem Ankern überall möglich. Man muß nur aufpassen, daß man dabei nicht mit der Berufsschiffahrt in Kollision gerät.

Souvenirs, Souvenirs...

Da wo es Tourismus gibt, gibt es bekanntlich auch Andenkenläden. Die spanischen Urlaubsorte quellen über von Toreros und kampfeslustigen Stieren im Miniformat, von Don Quijote, dem „Ritter von der traurigen Gestalt", bunten, bisweilen aber auch erschreckend geschmacklos gekleideten Flamenco-Gruppen und anderem Schnickschnack. Doch inzwischen ist ein erfreulicher Verdrängungsprozeß zu beobachten. Die Mitbringsel von zweifelhaftem Wert treten zunehmend in den Hintergrund, auf dem Vormarsch ist das regionale Kunsthandwerk, von dem es viele hervorragende Erzeugnisse gibt. Fast jede der rund 50 spanischen Provinzen hat – zumeist in deren Hauptstädten – ein Einkaufszentrum für bodenständiges Kunstgewerbe eingerichtet. In den örtlichen Fremdenverkehrsämtern kann man die Adressen von Läden erfragen, die hochwertigen Schmuck, Töpfer- und Lederarbeiten oder Produkte der berühmten spanischen Waffenschmiedekunst anbieten. Lederbekleidung, viele Jahre ein gern gekaufter Artikel, hat an Bedeutung verloren, weil man die Sachen in Deutschland inzwischen auch bekommt – vielfach qualitativ besser und kaum teurer. So heißt es mit Bedacht auswählen und Obacht bei den Preisen – sie unterscheiden sich zum Teil erheblich.

Cala San Estéban

Sich wie eine Schlange windend, dringt die Bucht unmittelbar neben der Einfahrt zum Fjord von Mahón in das Land ein. Punta de S. Carlos auf der südlichen Huk des Hafenschlauches ist eine gute Ansteuerungshilfe für die Cala. Sie ist gesäumt zu beiden Seiten von rotgedeckten Häusern. Die Wassertiefe ist zum Ankern ausreichend. Die vielen nachts ein- und auslaufenden Fischerboote stören durch Schwell die Ruhe mitunter.

Cala Santa Galdana

eine von hohen, bewaldeten Bergen eingekesselte Sand- und Strandbucht, gilt als Bilderbuch- und Vorzeigebucht der Insel. In vielen Reiseführern wird sie mit den höchsten Prädikaten bewertet. Doch ein großer Hotelkomplex, der wie ein Klotz in der Landschaft steht, hat der Cala viel von ihrem Reiz genommen. Heute sind solche Bettenburgen auf Menorca verpönt.

Cala Macarella

eine knappe Meile weiter westlich, ist ein ungetrübter Traum. Die Bucht bildet einen tiefen Einschnitt zwischen senkrecht abstürzenden Felswänden mit goldgelbem einsamem Sandstrand, der von Nackedeis okkupiert ist (FKK setzt sich in Spanien immer mehr durch). Das Wasser leuchtet türkisgrün und tintenblau. In der Seitenbucht Macarelleta ist es am schönsten. Auf der Felsplatte windet Föhrenwald einen grünen Kranz. Zum Schwojen ist beim Ankern wenig Platz. Man sollte eine Heckleine zum Land (Halteeisen an den Felsen) ausbringen.

Stolze Spanier

Die Redensart „...stolz wie ein Spanier!" kennt jeder. Sie nimmt Bezug vor allem auf den männlichen Teil der Bevölkerung. Auch wenn es „den Spanier" ebensowenig gibt wie „den Deutschen", so kann doch gesagt werden, daß vielen Spaniern die Ehre und der Stolz über alles gehen. Zumindest aber ist jeder Spanier ein ausgeprägter Individualist, oder er gibt sich alle Mühe, es zu sein. Wer ihr Vertrauen erwerben will, sollte dies berücksichtigen, auch, daß sie großen Wert auf Formen, gutes Benehmen und gepflegte Kleidung legen.
Die Spanier sind ausgesprochen gastfreundlich, und das Wort *amigo*, Freund, kommt ihnen schnell über die Lippen. Doch man sollte es besser mit „guter Bekannter" übersetzen, wenigstens zu Anfang der Bekanntschaft. Denn eines der Wesensmerkmale der Spanier ist auch Zurückhaltung, besonders dem Ausländer gegenüber. Mit plumpen Vertraulichkeiten sollte man sich daher zurückhalten.

3 DIE EXTRAVAGANTE UND DIE BESCHEIDENE

IBIZA UND FORMENTERA – INSELN DER GEGENSÄTZE

Der Panoramablick auf den Nordostteil Ibizas ist der beste Beweis, daß die Insel mehr zu bieten hat als nur ausgelassenes Urlaubsvergnügen. Sie ist ein Land auch der Stille und Zurückgezogenheit mit bewaldeten Bergen, mit versteckten Buchten, Vorsprüngen und Einschnitten.

Weit streift der Blick über Ibiza – Stadt, die Bucht und den Hafen. Im Vordergrund die neue Marina Botafoch, daneben der Puerto Ibiza – Nueva und an der Stirnseite der Club Náutico mit seiner Steganlage. Von den Marinas hat man eine herrliche Sicht auf die sich den Hügel hinaufziehende Altstadt mit der Festungsanlage als Krönung obendrauf. Die hellen Kubushäuser am Berghang weisen dem Seefahrer schon von weitem den Weg. Die Anreise von See wird in allen Reisebeschreibungen immer wieder als unvergeßliches Erlebnis geschildert. Unten am Hafen, in der Unterstadt, pulsiert das Leben, hier reiht sich ein Amüsierlokal an das andere, Boutique an Boutique. In der Bucht hinter Ibiza – Stadt erkennt man die mit Hotels übersäte Playa de Figueretas (15 Minuten zu Fuß), daran schließt sich der sogenannte „Rolex-Beach“, Playa d'en Bossa, an. Er ist Ibizas „In“-Strand. Die Verkehrsverbindungen auf der Insel sind gut. Man kommt von den Yachthäfen überall schnell hin. Wer einen Ausflug ins Landesinnere machen will, sollte sich einen Leihwagen nehmen.

1 *Die beiden Inseln – Grossa die größere, Botafoch mit einem Leuchtfeuer – sind jeweils durch einen Damm mit dem Festland verbunden.*

2 *Der Hausstrand von Ibiza-Stadt: Cala Talamanca.*
3 *Die älteste Steganlage: Club Náutico in Ibiza.*
4 *Kastell und Kathedrale über der Altstadt von Ibiza.*

1 *Ein kleines, zerzaustes Felseiland: die Insel Eulalia.*

2 *Rotbraun gefärbt: Punta Arabí in der Form eines Widerhakens.*

3 *Eine Marina, an der noch gebaut wird: Santa Eulalia.*

4 *Eine versteckte Bade- und Ankerbucht an der Ostküste: Cala Llonga.*

1

1 *Tagomago gehört zu den drei größten Inseln an Ibizas Küste.*
2 *Von Punta Grossa gegen nördliche Winde geschützt: Cala San Vicente.*
3 *An der Westseite gleitet die Insel Tagomago flach ins Wasser.*
4 *Cala Caná mit den Inseln gleichen Namens.*

1 *Wie ein Fels in der Brandung ragt Punta Grossa 174 m in die Höhe. Egal aus welcher Richtung der Wind weht, das bewaldete Kap gewährt den Ankerliegern immer Schutz. Auf der einen Seite (Cala San Vicente) vor nördlichen Winden, auf der anderen (Foto) vor dem Schirokko aus Süden. Hier ist das Ufer wie mit dem Skalpell ausgeschabt.*

2 *Auf der der offenen See zugekehrten Nordseite zerfressen, zum Land hin abgerundet – die kleine Halbinsel bildet die westliche Begrenzung der Einfahrt nach Puerto de San Miguel.*

3 *Die buchtenreiche Cala Portinatx nimmt eine Favoritenrolle unter den Buchten an der Nordküste Ibizas ein. Sie ist nicht nur einer der schönsten Plätze, sondern bietet auch die größte Ankervielfalt. Bei starkem Nordwind ist jedoch Vorsicht geboten.*

1

2

1 *Die Hochhaus-Kulisse macht deutlich – San Antonio hat sich zu einer wild wuchernden Touristenstadt entwickelt. Yachten finden einen Liegeplatz am Kai, an den Stegen oder vor Anker in der Bucht.*

2 *Cala Salada ist ein Geheimtip. Yachten haben die beiden Buchten fast ganz für sich allein. Das lärmende San Antonio ist hier, obwohl ganz nah, weit weg.*

3 *Eine Seitenbucht der großen Cala Rubió. Bei glatter See kann man sich bis in die hufeisenförmige Ausbuchtung vorwagen – und findet sein ganz persönliches Glück.*

1

2

3

4

1 *Eine Inselbrücke bilden die Eilande Conejera (mit Leuchtfeuer), Bosque und die im Wasser verstreut liegenden Klippen an der Westseite Ibizas.*

2+3 *Küste bei Cala Badella und bei Pta. Embarcó.*
4 *Die beste Bade- und Ankerbucht an der Westküste Ibizas: Cala Badella.*

1 *Eine Insel, um die sich viele Geschichten ranken, ist die Isla Vedrá, die sich 382 m hoch aufbäumt. Der Steinberg im Meer an der Südwestspitze Ibizas ist die dominierende Erscheinung im weiten Umkreis bis hin zur Nachbarinsel Formentera. Er zieht die Blicke der Yachtcrews immer wieder magisch auf sich. Nicht umsonst wurde dieses Wunder der Natur schon im Altertum „Der Zauberberg" genannt.*

2 *Eine imposante Vorstellung gibt die Küste zwischen den beiden Kaps Jueu und Llentrisca, wo sie sich bogenförmig zu einer hohen Gebirgswand aufwirft. Dem kahlen Gestade mangelt es an Buchten und Ankerplätzen. Die steilen Felswände können nur im Vorüberfahren bewundert werden.*

3 *Als ein Hufeisen aus Stein, dabei eine ausgeprägte Bucht bildend, so präsentiert sich das Inselchen Vedranell. Die Verniedlichungsform „Vedranell" zeigt an, daß es sich um das Schwesterchen der großen Schwester Vedrá handelt. Das Eiland ist nicht nur in der Ausdehnung bescheidener, sondern auch in der Höhe. Es ragt 122 m auf.*

1

2

3

Das Blau stellenweise so abgrundtief dunkel wie Tintenkleckse, das Grün in allen Farbabstufungen schillernd – das Bild animiert zu Südseeträumen. In der von Inseln und Inselchen, Sandbuchten, Klippen, Felsen und schmalen Landverbindungen modellierten Landschaft zwischen Ibiza und der südlichen Nachbarinsel Formentera verliert die Realität ihren Sinn. Land und Meer bilden eine ans Unwirkliche grenzende Synthese der Formen und Farben, wie hier die bleistiftgroße Sandbank Los Trocados an der Nordspitze von Formentera.

1 *Leuchtturminsel mit Klippengarten: Isla Puercos.*
2 *Traum-Ankerplatz zwischen den Inseln Torretas und Espalmador.*
3 *Insel-Idylle im Norden Formenteras: Isla Pouet.*
4 *Espalmador mit der berühmten Ankerbucht Puerto del Espalmador, Panorama der Südküste Ibizas von Pta. Portas bis I. Vedrá, die Durchfahrten zwischen den Inseln.*

1

1 *Die nördliche Begrenzung der Cala Pujols: Felsnase mit einem Hotel.*

2 *Die südliche Begrenzung der Cala Pujols: Punta Prima.*

3 *Der Süden Formenteras: ein Tafelland mit steiler Küste.*

4 *Der südlichste Punkt der Balearen: Cabo Berberia auf Formentera.*

Ein Hafen, eingebettet in ein skurriles Landschaftsbild – das ist Puerto de la Sabina. Er ist alles: Fährhafen, Marina, Fischerhafen; der einzige, über den Formentera verfügt – und somit die Drehscheibe für den Personen- und Warenverkehr von und zu der Insel. Der Hafen entstand dadurch, daß die Isla Sabina (unterer Bildrand) durch einen Damm mit dem Land verbunde[illegible]urde. Rund ur[illegible]bina breiten si[illegible]gunengewäs- [illegible]und Salinenfelder aus. Anker[illegible]ätze finden sich in buchtengeschützer Lage neben der Hafeneinfahrt und in der Lagune Estanque Peix. Dort liegen die Boote zu Hunderten so ruhig und geschützt wie auf einem Binnensee.

Die Baleareninsel Ibiza wird oft als Tummelplatz für verrückte Ferien gepriesen. Ihr Name steht für Glamour, Jet-set, Nachtleben und Ausschweifungen. Dagegen wird Formentera nachgesagt, daß sie wenig Abwechslung bietet. Die kleinste der Ferieninseln (23 km lang und zwischen 1,7 und 17 km breit) und ihre eine Bootsstunde entfernte größere Schwester Ibiza (48 km lang und bis zu 24 km breit) sind zwei Inseln der Gegensätze. Die eine ist die Extravagante, auf der die Diskonächte besonders heiß und lang sind, die andere die Bescheidene, eher etwas für Individualisten, die das einfache Leben zu schätzen wissen.

Bekanntlich hinken Vergleiche immer, auch in diesem Fall: Die beiden ungleichen Schwestern sind sich mit den Jahren ähnlicher geworden. Ibiza wird längst nicht mehr nur von Hippies und Aussteigern beherrscht. Es kommen immer mehr Urlauber auf die Insel, die ihre Landschaft genießen wollen. Ibiza ist schön und abwechslungsreich. Berge im Norden, Hügel in der Mitte, Äcker und Salinen im Süden und Osten. Formentera verfügt über endlos lange Strände und Ankerplätze von polynesischer Schönheit.

Jede Insel für sich ist eine Reise wert – besonders für Bootsfahrer. Um den Reiz der Gegensätze auszukosten, sollte man beide besuchen.

Ibiza–Stadt

Die Stadt Ibiza (amtlich: Ciudad de Ibiza), auch Eivissa (ibizenkisch), ist mit rund 20000 Einwohnern die Metropole der Insel. Die Stadt ist Fischer-, Handels- und Fährhafen und Stützpunkt einer großen Yachtflotte. Von ihrer schönsten Seite bietet sich die weiße Stadt dem Besucher dar, der mit dem Schiff zu ihr kommt. Der Häuserberg, der sich zum wuchtigen Kastell und zu der festungsähnlichen Kathedrale hinaufzieht, wird als eine der malerischsten Ansichten des Mittelmeeres gepriesen.

Der Hafen ist eingerahmt von zwei mächtigen Molen und kann bei jedem Wetter angelaufen werden. Die Kais des Fähr- und Handelshafens im Südteil sind für die Sportschiffahrt tabu. Ibiza–Stadt hat drei Yachthäfen zur Auswahl: Club Náutico im hintersten Teil, Ibiza–Nueva und Marina Botafoch einlaufend an Steuerbord.

Der *Club Náutico* ist der Traditionsclub von Ibiza, entsprechend gediegen gibt er sich. Die 340 Liegeplätze, die er sein eigen nennt, sind bis auf einen kleinen Prozentsatz an Mitglieder vergeben, so daß es nur mit viel Glück möglich ist, einen Platz zu bekommen. Außerdem ist es unruhig, wenn Fähren ein- oder auslaufen.

Ibiza–Nueva: Die Marina gebietet über zwei Hafenbekken und 539 Liegeplätze. Üblicher Marinakomfort. Die Liegeplätze an der Außenseite der Westmole (für größere Yachten vorgesehen) sind mit Vorsicht zu genießen. Wenn Schwell in den Hafen schwappt, vollführen die Schiffe einen Höllentanz. Tanken und Wasser bunkern (Diesel/Benzin) auch für Yachten, die keinen Liegeplatz bei Ibiza–Nueva haben.

Botafoch: Die jüngste Marina von Ibiza, 1987 fertiggestellt, verfügt über 426 Liegeplätze für Yachten bis 30 m Länge.

Von beiden Marinas ist im Sommer ein Pendelverkehr mit Fährbooten zum Stadtzentrum eingerichtet.

Flamenco

Der bekannteste und zugleich beliebteste spanische Tanz ist der Flamenco. Dabei muß man jedoch unterscheiden zwischen Tanzdarbietungen in den Touristenorten, in Nachtlokalen und Hotelbars, und jenen Flamenco-Vorführungen, die als künstlerisches Ereignis mit bekannten Tänzerinnen und Tänzern angekündigt werden. Die Flamenco-Tänze zur Belustigung der Touristen werden von den meisten Spaniern als billiges Vergnügen von zweifelhaftem Wert angesehen. Der Flamenco ist maurisch-arabischen Ursprungs und war am weitesten verbreitet in Andalusien, wo er sich auch heute noch großer Beliebtheit erfreut. Der Flamenco-Tänzer muß sich an keine festen Regeln halten, vielmehr kann er seinen Tanz mit ausschmückenden Arm- und Handbewegungen, begleitet von leidenschaftlichen rhythmischen Klängen, frei gestalten. Deswegen gehört Improvisationskunst zum Flamenco dazu. Je nachdem, wie der Tänzer beim Publikum ankommt, wird er sich mehr oder weniger ekstatisch geben.

Von ihrem Liegeplatz haben die Crews einen herrlichen Blick auf die Altstadt-Silhouette. Am Hafenkai verläuft die lebhafte Promenade Avenida Andenes. Südlich an den Hafen grenzt die „Unterstadt“, das Geschäftsviertel. In den engen Gassen findet allabendlich der Corso statt, das Sehen und Gesehenwerden. Hier trifft man die „Ibischickeria“, verrückte Typen (Motto: auffallen um jeden Preis) und solche, die gern dafür gehalten werden möchten. Restaurants und Cafés bieten genügend Plätze an, um die Happening-Parade aus bequemer Warte in Augenschein zu nehmen.

Wer dem Rummel entfliehen möchte, hat es als Bootsfahrer relativ leicht. Man wirft die Leinen los und schippert einfach in die nächste Bucht. Von Ibiza – Stadt aus hat man aber auch die Möglichkeit, mit einem Leihwagen in das Inselinnere zu fahren und das ländliche, verträumte, noch stille Ibiza kennenzulernen. Dort findet man die weißen Fincas und alten Bauernhöfe. Bauern pflügen die rote Erde Ibizas um, Schafe weiden unter Olivenbäumen, an den Berghängen wächst der Wein.

Das ist die Kehrseite des lauten, „verrückten“ Ibiza, die in den Schlagzeilen der Boulevardpresse keinen Niederschlag findet. Man muß nur Augen und Gefühl haben, die Schönheiten der Insel wahrzunehmen.

Cala Talamanca

Dies ist praktisch der Hausstrand von Ibiza – Stadt, nur eine halbe Stunde zu Fuß über den Hügel bei den Marinas. Die halbkreisförmige Bucht ist mit den Jahren leider durch Hotels zugebaut worden, dennoch ist sie als alternative Ankerbucht zum großen Ibiza-Hafen nebenan empfehlenswert. Voraussetzung ist natürlich, daß der Wind nicht hineinweht.

Cala Llonga

Die Bucht ragt weit ins Land hinein, und am Ende gibt es einen weitläufigen Strand, flankiert von hohen, felsigen Ufern und dichtem Pinienwald. Pinien sind übrigens ein Charakteristikum der Insel. Sie wurde einst von den Griechen Pityusa, die Pinienreiche, genannt. Die noch heute gebräuchliche Bezeichnung Pityusen für die Inselwelt geht darauf zurück. Aber auch andere Bäume, die die Nähe zu Afrika ahnen lassen, wachsen: Feigen-, Olivenbäume und Palmen.

Hotelbauten bedecken inzwischen diese schöne Cala, und es kann durchaus sein, daß reger Badebetrieb, Windsurfer, Bootspendeldienst die Ruhe am Ankerplatz stören. Die positive Seite des hochsommerlichen Urlaubsbetriebes: Es gibt reichlich Restaurants, Supermarkt, Bank und andere Versorgungseinrichtungen.

Santa Eulalia

In voller Länge heißt dieser Ort Santa Eulalia del Rio, was darauf zurückzuführen ist, daß er am Fluß (Rio) liegt. Von vielen wird das quirlige Provinzstädtchen, das drittgrößte der Insel, als Bettenburg abgetan. Doch wer sich die Mühe macht und ein wenig hinter die Touristenfassade blickt, wird schnell die schönen Seiten entdecken. Zum Beispiel die weiße Wehrkirche auf dem Puig de Missa, eine architektonische Kostbarkeit, ferner kleine Häuser mit intimen Innenhöfen und viele andere Beweise des alten Ibiza.

Santa Eulalia ist bekannt für seine vielen und guten Restaurants, die meisten davon in der Nähe des Hafens. Hier ist auch der Ortskern, im Gegensatz zu dem Hotel- und Appartement-Gebiet am Rio Eulalia.

Der Hafen ist ein trauriges Kapitel. Eigentlich sollte er schon längst als Nobelmarina in Betrieb sein. Doch Geldmangel zwang zu einer Abmagerungskur. Der vorher angepriesene Komfort soll entfallen, dafür sollen mehr kleinere Liegeplätze geschaffen werden – 756 für Boote von 6 bis 22 m Länge. Die Marina kann jetzt wenigstens schon teilweise benutzt werden. Soweit die Liegeplätze fertiggestellt sind, verfügen sie auch über Muringfestmacher, Strom- und Wasseranschlüsse.

Die Umgebung von Eulalia hat einiges zu bieten. Da ist die

Cala Caná

mit dem kleinen, heiteren Badeort *Es Caná* gleich hinter *Punta Arabí*. Der Hippiemarkt, der dort allwöchentlich stattfindet, ist ein Relikt aus jener Zeit, als die Blumenkinder auf der Insel noch ungestört die Zeit verträumen konnten. Jetzt sind sie nur noch Gaudi, weniger Attraktion für die Touristen. Und auch was auf dem Markt angeboten wird, ist häufig nur Nippes und Trödel. Dennoch rollen die Ausflugsbusse aus allen Winkeln der Insel an.

Punta Arabí selbst bietet sich als schöne Aussichtsplattform an mit Blick auf die Inseln *Santa Eulalia, Redona* und noch einige andere Eilande. Bei Nacht muß man hier vorsichtig navigieren.

Gleich um die Ecke in nördlicher Richtung geht es mit den Inselchen weiter. Sie sind der *Cala Caná* vorgelagert und tragen auch ihren Namen. Das ehemalige Fischerdorf Es Caná hat sich in einen lebhaften Touristenort verwandelt, dennoch konnte es seinen Charme bewahren. Zur stattlichen Hotel-Präsenz gesellen sich jede Menge Einkaufsläden, vor allem aber gute Restaurants. Ein Kleinsthafen dient den Fischern als Anlegestelle. Yachten ankern gut auf sandigem Grund.

Insel Tagomago

Sie liegt wie ein gestrandeter Wal vor der Ostküste träge im Wasser. Den Yachtcrews ist der 114 m hohe, kahle Felsklotz eine gute Navigationshilfe. Nachts weist ein Leuchtturm an der Südostspitze den Weg. Das Ufer ist zum Teil stark ausgehöhlt. Die drei Einbuchtungen bilden einsame Ankerplätze, von denen der an der Westseite mit smaragdgrünem Wasser am gefälligsten ist. Ein Kiosk offeriert erfrischende Getränke.

Cala San Vicente

ist eine wunderschöne und bei den Yachties als Ankerplatz beliebte Bucht, eingerahmt von einem Pinienkranz. Man hat von hier einen herrlichen Blick auf die Insel *Tagomago*, doch leider auch auf die Hotel-Kulisse am ca. 300 m langen Kiesel-Sand-Strand. Es bleibt einem nichts anderes übrig, als sich damit abzufinden, daß überall dort, wo es schön ist, Touristensiedlungen hingepflanzt werden.

In der Cala San Vicente hält sich das turbulente Treiben noch in Grenzen. Die herrliche Lage mildert den Siedlungslook.

Die Cala duckt sich hinter der 174 m in die Höhe ragenden, bewaldeten

Punta Grossa

die ihre nördliche Einfahrtshuk ist. Der steile Felssporn ist betupft mit gepflegten Villen und Ferienhäusern, zu denen eine Straße hinaufführt. An der Nordseite, vor steil aufragenden Felswänden, finden sich herrlich einsame Ankerplätze, die bei Südwind Schutz gewähren. Sie bieten sich als rettender Zufluchtsort an, wenn in die Cala San Vicente nebenan Wind und Wellen hineinstehen.

Cala Portinatx

liegt am nördlichsten Zipfel von Ibiza und gehört gewiß zu den landschaftlich schönsten Flecken der Insel. Doch was sich so anmutig und malerisch dem Auge darbietet, hat – man glaubt es kaum – seine Tücken. Dies zeigte sich im Herbst 1990, als ein Wirbelsturm in die nach Norden offene Bucht hineinfuhr und ein Chaos anrichtete. Fischerboote und vor Anker liegende Yachten wurden innerhalb weniger Minuten in Stücke geschlagen. In dem Hexenkessel gab es kein Entrinnen. Viele Schiffe sanken, keines blieb ohne Schäden. Wie durch ein Wunder kamen keine Menschen zu Schaden.

Sicherlich war dies ein Extremfall, dennoch sollten sich die Crews bewußt sein, daß die Buchten an der Nordseite der Baleareninseln zu erhöhter Wachsamkeit zwingen. Bei normaler Wetterlage ist Portinatx eine sichere Ankerbucht, zumal man je nach Windrichtung in eine der zahlreichen Seitenbuchten ausweichen kann. Die Cala wird gern als Sprungbrett bei der Überfahrt von und nach Mallorca benutzt. Wie nicht anders zu erwarten, haben sich rund um die Bucht Hotels und Ferienhäuser etabliert. Der Trubel hält sich in Grenzen.

Puerto de San Miguel

Einsam ist es an dieser spitz zulaufenden Bucht nicht mehr, denn inzwischen klettern mehrere Hotels die Felsklippe hoch. Die enge Hafenbucht war schon im Altertum eine Anlegestelle für Boote, dies wurde durch Ausgrabungen bestätigt. Die vorgelagerte Isla Murada barg mehrere römische Funde. Ein Indiz für die einstige Bedeutung als Anlandeplatz ist auch die Bezeichnung „Puerto“ (Hafen), obwohl ein solcher nicht vorhanden ist. Die Bucht bietet guten Ankergrund (Sand) bei ausreichender Wassertiefe.

Neben Puerto de San Miguel gibt es den Ort San Miguel, etwa 4 km im Landesinnern. Sehenswert ist die Wehrkirche San Miguel Arcángel aus dem 14./15. Jahrhundert.

Cala Rubió

ist die größte Bucht ziemlich genau in der Mitte der Nordküste. In der hintersten Ecke an der Westseite findet man eine Bucht in Bucht, eine winzige, hufeisenförmige Aushöhlung, die von steilem Fels umstellt ist. Hier kann man seinen Frieden mit sich und der Natur schließen. Die Cala gehört einem ganz allein.

Cala Salada

gehört zu den Schönheiten, die im Verborgenen blühen. Die Bucht wird in kaum einem Reiseführer erwähnt, vermutlich weil sie keine Touristenzone ist. Die Segler und Motorbootfahrer kann dies nur freuen, finden sie doch, obwohl ganz in der Nähe von San Antonio, ein Refugium, das sie für sich reklamieren können. Die bewaldeten Ufer fallen steil zum Wasser ab. Es gibt nur wenige Häuser und einen kleinen Sandstrand.

San Antonio

An einer großen, weiten Bucht gelegen, hat sich San Antonio (auch San Antonio Abad) an der Westküste Ibizas mittlerweile zum zweitgrößten Touristenort entwikkelt. Über Geschmack läßt sich bekanntlich streiten, und so ist es sicherlich nicht jedermanns Sache, sich mit der Manhattan-Kulisse einverstanden zu erklären, die der ehemalige Fischerort sich übergestülpt hat. Das quirlige Hafenstädtchen ist ein geräuschvoller Touristenplatz mit einem ausgiebigen Nachtleben und einem entsprechend großen Angebot an Amüsierlokalen. Die Innenstadt ist zu einer Fußgängerzone geworden mit zahlreichen Shops, Bars, Restaurants und Diskotheken.

Am Paseo Marítimo schlägt der Puls der Stadt. Hier ist die zentrale Bushaltestelle, hier warten die Taxis. Tag und Nacht ist hier Betrieb. Von hier kann man sich auch auf den Weg zur Calle San Vicente Richtung Rathaus machen, wo man das Vergnügungsviertel mit seinen vielen Kneipen erreicht.

Yachten können am öffentlichen Kai an der Innenseite der Mole vor Anker gehen oder beim Club Náutico San Antonio Abad vor der Promenade anlegen. An den Stegen gibt es 164 Liegeplätze. Auch Ankern in der Bucht ist möglich.

Um die Bahía de San Antonio (auch Bahía de Portmany genannt, denn die Bucht diente schon den Römern als „Portus Magnus", großer Hafen) reihen sich mehrere Buchten. In der Ferne grüßt die

Isla Conejera

mit einem Leuchtturm auf der Nordspitze. Nach der Legende soll dort oder auf der weiter südlich gelegenen Insel *Vedrá* Hannibal zur Welt gekommen sein. Zu der Inselgruppierung gehören noch die Felseilande *Bosque* (Ziegenzucht), *Esparto, Bleda Plana* (mit Leuchtturm), *Bleda Mayor, Porros* und ein ganzer Kranz verstreut liegender Klippen. Conejera ist von allen die größte. In ihren Buchten findet man ein Traumrevier zum Schnorcheln und Tauchen. Das Wasser ist selten klar.

Cala Badella

Sie wird in allen Reiseführern als Badebucht der Extraklasse gepriesen und heißt dort stets *Vadella.* Bei der Errichtung der Ferienbauten hat man glücklicherweise die früheren Bausünden vermieden und sich am alten ibizenkisch-maurischen Baustil orientiert. Die Bucht breitet sich, romantisch eingebettet, in landschaftlich traumhafter Umgebung aus. Ringsum felsige Ufer, breiter Sandstrand, guter Ankergrund, ausreichende Wassertiefe – die Bucht kann von allen Plätzen an der Westküste die meisten Pluspunkte sammeln.

Insel Vedrá

An der Südwestspitze Ibizas ragt dominant, von Land von der kleinen Schwesterinsel Vedranell halb verdeckt, ein mystischer Felsbrocken aus dem Wasser. In den Seekarten ist er mit I. Vedrá angegeben, doch die Menschen im Altertum nannten ihn „Der Zauberberg". Viele Geschichten ranken sich um das 382 m hoch aufragende Felsenschiff: daß in stürmischen Nächten unerklärliche Blitze zucken und hier der magnetische Gegenpol zum Bermudadreieck sei. Fest steht, daß schon die phönizischen Seefahrer in den Grotten der schroffen Insel der Göttin Tanit Opfergaben darbrachten.

Formentera

Die kleinste der vier bewohnten Baleareninseln ist durch eine Inselbrücke mit Ibiza verbunden: *Espalmador, Espardell, Arhorcados* . . . dazwischen ein ganzer Steingarten voller Inselchen und Klippen, die sich wie ein Streuselkuchen im Meer verteilen. Ein Hauch von Karibik umfängt die Kette kleiner Eilande, die weiße Kragenbinden aus feinem Sand tragen, umspült von türkisfarbenem Wasser. Die Buchten sind an Schönheit nicht zu überbieten. Am berühmtesten ist die Ankerbucht von *Espalmador,* wo die Boote im glasklaren Wasser in der Luft zu schweben scheinen.

Eindrucksvolle Steilküste und kilometerweite, seicht abfallende Sandstrände mit bewaldeter Dünenlandschaft wechseln einander auf Formentera ab. Hauptverkehrsmittel auf der Insel ist das Fahrrad. Die 3500 Inselbewohner, die nach der amtlichen Statistik die höchste Lebenserwartung aller Spanier haben, verteilen sich auf vier Gemeinden.

Der einzige Hafen ist *Puerto de la Sabina,* den man von Ibiza in gut zweieinhalb Stunden mit dem Segelboot erreicht. Der verträumte Fischerhafen ist in eine moderne Marina mit hohen Liegeplatzgebühren umfunktioniert worden. Sabina ist umgeben von bunten Salinenfeldern und Salzseen (Estany d'es Peix, Estany Pudent). Eine asphaltierte Hauptstraße führt zum 19 km entfernten östlichsten Punkt auf der Halbinsel *La Mola* mit Piratenhöhlen im Steilufer unterhalb des 22 m hohen Faro de la Mola.

Touristisches Zentrum ist der lebhafte Ferienort *Es Pujols,* klein und gemütlich. Er liegt an einer langgezogenen, feinsandigen Bucht, auf der einen Seite begrenzt durch die Felsnase Roca Bella und auf der anderen durch die spitz zulaufende Punta Prima. Hier findet man schöne Ankerplätze.

Die spanische Küche

Eine typische spanische Küche gibt es nicht, sieht man einmal von der *Paella* ab, deren Heimat die Provinz Valencia ist. Die flache Reispfanne hat weit über die Landesgrenzen hinaus inzwischen Weltruf erlangt. In der Regel wird sie für zwei Personen zubereitet, denn sie kann ein ganzes Menü ersetzen. Grundlage der Paella ist Reis. Durch Safran erhält sie die gelbliche Färbung. Jede Gegend hat ihr eigenes Rezept, Unterschiede in der Wahl der Zutaten gibt es schon von Restaurant zu Restaurant.

In der Pfanne werden mit dem Reis meistens mageres Schweinefleisch (in Stücke geschnitten), Schinken, Huhn, Krabben, Muscheln, auch Langusten, Gemüsestreifen, Erbsen, Bohnen, Zwiebeln und noch manches mehr gegart. Wichtig sind zudem Gewürze, Knoblauch und aromatische Kräuter. Zur Paella trinkt man kalt servierten *rosado* (Rosé).

Ein Gericht zu allen Gelegenheiten ist die *Tortilla,* das spanische Allround-Gericht schlechthin. Es ist ein Kartoffelomelett, das man als Vorspeise wie als Hauptgericht bekommt. Auch bei der Tortilla gibt es viele Variationen. So dient sie auch als Imbiß, um den schnellen Hunger zu bekämpfen.

Im Mittelmeerland Spanien trägt die Küche allgemein deutlich mediterrane Züge. Dies kommt vor allem bei den vielen Fischgerichten zum Ausdruck, die auf mannigfaltige Art zubereitet werden. Und natürlich gehört zu allem Olivenöl.

4 DIE COSTA BRAVA IST NICHT BRAV

WILDE KÜSTE DES NORDENS

Die exzentrische Gesteinslandschaft mit Felsen, die steil aus dem Wasser wachsen, hat den Ruf der Costa Brava als Spaniens „wilde Küste" begründet. Daß es daneben auch lauschige, vom mediterranen Ambiente geprägte Buchten und Ankerplätze gibt, versteht sich fast von selbst.

1 *Von Bergen eingerahmt: Port-Bou mit schmaler Bucht. Der Ort wird von der Eisenbahn beherrscht.*
2 *Neue Marina mit Molen, die wie die Zangen eines Krebses zufassen: Llansá soll 471 Bootsplätze bekommen.*
3 *Krasser Gegensatz: winziger Hafen und Hochhausbauten am Strand: Colera.*
4 *Ein hübscher Ort mit moderner Marina an einer weiten Bucht: Puerto de la Selva.*

1 *Cala zum Baden und Ankern: Canyellas Grosas.*
2 *Beliebte Ankerbucht: Port Lligat bei Cadaqués.*
3 *Bizarre Felslandschaft: Cabo Creus, Insel L'Encalladora.*
4 *Ein lieblicher Ort: Cadaqués an einer weiten Bucht.*

1

1 *Eine Touristenstadt aus der Retorte, die an das französische Port Grimaud erinnert: Santa Margarita, am Rande einer Sumpflandschaft. Der breite Canal Gran führt von der Hafeneinfahrt zum Werftenzentrum im Hintergrund. Gastlieger können an der Innenseite der gekrümmten Mole in Höhe des Sandstrandes festmachen.*

2 *Wie ein riesiger gesprenkelter Teppich wirkt Ampuriabrava aus der Luft. 180000 Menschen machen hier im Sommer gleichzeitig Urlaub. Die sechs Millionen Quadratmeter große Anlage ist von den Flüssen Rio Muga und Rio Salins zu beiden Seiten begrenzt.*

3 *Zu Füßen der Pyrenäen-Ausläufer gelegen: Hafen und Stadtzentrum (im Hintergrund) Rosas am Eingang zum 15 km weiten Golfo de Rosas. Auf der Bergspitze im Vordergrund die Reste einer Befestigungsanlage und darunter am Wasser der Leuchtturm auf der Punta de la Bateria.*

1

2

Wasserwege, Bootsplätze, Ferienhäuser en masse – Ampuriabrava (Fotos 1 + 2) und Santa Margarita (Fotos 3 – 5) ähneln sich auf verblüffende Weise. Bei beiden Ferienstädten hat der französische Hafen Port Grimaud Pate gestanden, wie deutlich zu sehen ist. Das Konzept war, Häuschen im Grünen und Bootsplatz vor der Haustür miteinander zu verbinden. Nach diesem Muster sind am Mittelmeer inzwischen eine ganze Reihe Wassersportzentren entstanden. Bei den Deutschen erfreuen sich Ampuriabrava und Santa Margarita besonders großer Beliebtheit, so daß böse Zungen von deutschen Kolonien auf spanischem Boden sprechen. Gründe für die Anziehungskraft: Die Costa Brava ist die am schnellsten und leichtesten zu erreichende Urlaubsregion in Spanien, und sie ist – gerade für Wassersportler – eine der schönsten und abwechslungsreichsten Landschaften. Zwischen vier und fünf Millionen Touristen wählen alljährlich die Wilde Küste als Urlaubsziel, davon rund eine Million Deutsche. Mit den Engländern und Franzosen bilden sie eine etwa gleich starke Ausländergruppe.

1

2

3

4

1 *An der weiten Cala de la Clota: Hafen und Touristenbauten im Ortsteil Riells von L'Escala.*
2 *Cala Mongó, beschirmt von dem Torre Mongó aus arabischer Zeit.*
3 *Zerklüftet und unwirtlich: die 10 km lange Sierra de Montgrí zwischen L'Escala und L'Estartit.*
4 *Malerisch und gemütlich: der alte Ortskern von L'Escala.*

1

2

Die einmalige Inselgruppe der Illes Medes vor der Küste bei L'Estartit – sie ist ein Tier- und Pflanzenparadies sowohl über als auch unter Wasser. Foto 1 zeigt die Meda Petita, die kleinere Meda-Insel, mit Hunderten von Vögeln (weiße Punkte), die sie umschwirren. Die am südlichsten gelegenen Felseilande der Gruppe heißen Els Tascons Petits und El Carall Bernat (Foto 2). Die Ausflugsboote, die jeden Tag eine Riesenmenge Besucher zu dem Naturschutzpark im Meer bringen, müssen den vorgeschriebenen Sicherheitsabstand zu den Inseln halten. Foto 3 gibt einen Gesamtüberblick über die Medes mit der Hauptinsel, der Meda Gran im Hintergrund, auf der ein Leuchtturm steht. Die Illes Medes haben eine bewegte Geschichte hinter sich. Sie waren Piratennest im Mittelalter, später Militärgefängnis, und aus strategischen Gründen waren sie wiederholt Kämpfen ausgesetzt. Heute sind sie Reservat für die von Umweltzerstörung bedrohte Tier- und Pflanzenwelt des Mittelmeeres.

3

1

3

4

2

5

1 Cala und Fischersiedlung Sa Tuna.
2 Fornells am Eingang zur Cala d'Aiguablava: einer der schönsten Ankerplätze der Costa Brava.
3 Von Grün umgeben: schöner Ort Tamaríu, der zum Stadtbereich von Palafrugell gehört.
4 Cabo San Sebastián und die zu einem Restaurant umfunktionierte Eremitage.
5 Erweitert und immer noch zu klein: Hafen L'Estartit.

Eine Stadt wie aus dem Spielzeugkasten – Calella de Palafrugell. Vom großen Tourismus ist dieser Ortsteil bislang verschont geblieben, ganz im Gegensatz zu dem Calella der langen, breiten Sandstrände, der endlosen Hotelbauten, Restaurants, Bars, Cafés und Diskotheken. Calella de Palafrugell ist geprägt von schattigen Arkaden, engen, verwinkelten Gassen und lauschigen Plätzen. Die schmucken weißen, in sich verschachtelten Fischerhäuser ranken sich um Klippen und Felsen, feinsandige Strände und kleine Buchten. Calella ist eine Idylle, dazu ausersehen, Geist und Auge zu erfreuen. Alljährlich im August findet in Calella die „Cantata de las Habaneras“ statt.

1 Auf vorspringendem Felsen vor moderner Häuserfassade in Palamós: Leuchtfeuer Punta del Molino, das vor einer Klippe warnt.

2 Klein, aber fein: der Bootshafen von Llafranc, der sich an Cabo San Sebastián anlehnt. Bei südöstlichen Winden ist er unerreichbar.

3 Eine weite Bucht mit breitem Sandstrand und viel Grün: Cala Castell, die zu geruhsamem Ankern einlädt. Nach Palamós ist es nur ein kleiner Sprung.

1

1 *Ein Hafen, der in Schlängellinien in das Land vordringt: Port d'Aro, flankiert von einer grünen Felswand.*

2 *Einträchtig nebeneinander: Fischerboote und Yachten, die sich den Hafen von Palamós teilen.*

3 *Für Yachten und Schiffe mit Tiefgang gleichermaßen geeignet: San Feliú de Guíxols.*

2

3

1

1 Konkurrenzlos schön: Tossa de Mar, überragt von mittelalterlicher Befestigungsanlage Vila Vella und Leuchtturm.

2 Ein Winzling: Hafen Cala Canyellas, von dem ein hübscher Badestrand ausgeht.

3 Zwei Häfen in einem: Blanes mit der Marina (Vordergrund) und dem Becken für die Fischer.

4 Auch das ist Blanes – eine hübsche Stadt mit langer Palmenpromenade.

Brava hat mit dem deutschen Wort brav nichts zu tun, vielmehr bedeutet es „wild“. Die Costa Brava ist eine wilde Küste, so genannt wegen ihrer zerklüfteten, bizarren Felswände, die zum Teil senkrecht ins Meer stürzen. Doch die „Wilde“ gibt sich auch zahm. Malerische kleine Fischersiedlungen und Städtchen wechseln mit verträumten Ankerplätzen und sandigen Buchten ab, deren Wasser in zauberhaften Blautönen schimmert. Häfen und Marinas ziehen sich an der ganzen Küste hin. Die Costa Brava ist für Segler und Motorbootfahrer ein begehrtes Ziel.

Sie ist der nördlichste spanische Küstenstreifen am Mittelmeer und erstreckt sich auf die Provinz Gerona, die mit den Provinzen Lérida, Barcelona und Tarragona den Landesteil Katalonien (Cataluña) mit autonomem Parlament (seit 1980) bildet. Die Wilde Küste ist eine grüne Küste, die von der französischen Grenze bis Blanes reicht. Das sind etwa 100 km Luftlinie. Rechnet man jedoch alle Buchten und Einschnitte hinzu, kommt man auf 200 km. Ein Beweis, wie zerfressen die Costa Brava ist.

Ihre Eigenart kommt in einer eigenen Kultur und einer eigenen Sprache (Katalanisch) zum Ausdruck, die zur Franco-Zeit verboten war. Die katalanische Flagge besteht aus vier roten Streifen auf gelbem Grund; sie entstand Ende des 19. Jahrhunderts. Die Katalanen sind sehr auf Eigenständigkeit bedacht. Es gibt auch Autonomiebestrebungen.

Port-Bou

an der spanischen Grenze ist Grenzort und Fischereihafen. Die größte Bedeutung hat er als Umschlagplatz für die Eisenbahn. Denn da in Spanien die Spurweite größer ist als in Frankreich, ist hier Zugwechsel. Die Bucht mit Kiesstrand und einigen Sandinseln ist weit offen. Der Ort hat, obwohl er mit seiner hochgelegenen Kirche vor den kahlen Pyrenäen-Ausläufern durchaus reizvoll wirkt, kaum touristische Bedeutung. Das gleiche trifft für die Sportschifffahrt zu, die bescheidene Liegeplätze am Kai und im Sommer an einem zusätzlichen Anlegesteg findet.

Der Küstenabschnitt heißt Alto (Oberes) Ampudán und reicht bis zu den Montgrí-Bergen bei Estartit. Die Landschaft hat Mittelgebirgscharakter mit bis zu 700 m hohen Bergen im Hinterland. Die Wilde Küste macht hier ihrem Namen alle Ehre. Sie führt um die gebirgige Halbinsel von Cadaqués und läuft bei Rosas in einer weiten Ebene aus.

Colera

ist der erste, allerdings winzige Hafen auf spanischem Gebiet. Er schmiegt sich eng an den Bergrücken, der die gleichnamige Bucht ringsum einfaßt. Daneben breitet sich ein schmaler Badestrand aus. Der Club Náutico hält 20 Transitplätze für Yachten bis 10 m Länge bereit. Colera ist ein Fischerort mit 400 Einwohnern. Sehenswert ist die romanische Kirche.

Llansá

auch Llançà, ist ein ummauertes Fischer- und Bauerndorf mit ca. 3000 Einwohnern. Zur Barockkirche aus dem 18. Jahrhundert gehört ein festungsartiger Turm. Das Touristenzentrum mit dem Port (Puerto) befindet sich vom Ort, der an einer weiten Bucht liegt, 1 km entfernt. Es ist eine brandneue, von einer mächtigen Mole beschützte Marina, die von einem Felsen überragt wird. Wenn der moderne Sportboothafen fertiggestellt ist, soll er über 471 Liegeplätze verfügen.

Puerto de la Selva

ist ein malerischer Fischerort, der, am Fuß der Sierra de Roda, von einem Kranz von Pyrenäen-Bergen umgeben ist. Schon seit dem 11. Jahrhundert ist der beliebte Ferienort, der im Sommer von vielen Yachten angelaufen wird, Hafen und Umschlagplatz für den mit königlicher Erlaubnis gefangenen Thunfisch. Wenn früher die Kirchenglocke in dem 3 km entfernten Dorf Selva de Mer geläutet wurde, war dies das Signal, daß der Thunfisch auf seiner Wanderung von Nord nach Süd Einzug in die weite Bucht gehalten hatte. Alle Bewohner, auch Frauen und Kinder, eilten dann herbei, um beim Ausbringen des 2 km langen Stellnetzes, das in der Kirche aufbewahrt wurde, zu helfen. Auch heute noch ist das Meer hier – für das Mittelmeer längst keine Selbstverständlichkeit mehr – sehr fischreich.

Erst 1983 ging der Club Náutico daran, den Hafen zu einer modernen Marina auszubauen. Betonierte Stege wurden angelegt mit Platz für 220 Yachten. Die Marina wurde 1989 noch einmal erweitert und modernisiert. Wer zum Nulltarif übernachten will, kann in der Bahía de la Selva vor Anker gehen.

Puerto de la Selva ist ein Ort mit ständig zunehmendem Urlaubsbetrieb, dennoch ist sein dörflicher Charakter erhalten geblieben. Für Kunstbeflissene bietet sich eine Sehenswürdigkeit nach zwei Stunden Fußmarsch auf dem San Pedro de Roda in 460 m Höhe. Ein Benediktinerkloster aus dem 10. Jahrhundert – es trägt den Namen des Berges, auf dem es steht – wird mit seinem steinernen Deckengewölbe als einzigartiges Beispiel der religiösen mittelalterlichen Architektur vorgeführt. Von oben hat man einen herrlichen Blick auf das Land und die Küste.

Nach Puerto de la Selva beginnt eine Fels- und Buchten-Landschaft der Superlative. Die zerfurchte Steinküste weist einen Cala-Reichtum auf wie selten. Herausragendster Punkt ist

Cabo Creus

mit Leuchtturm. Das Kap Aphrodisium der Griechen mit der vorgelagerten Insel L'Encalladora bildet eines der mittelmeerländischen Enden der Pyrenäen. Das kahle Gebirge wirkt abweisend und feindlich. Früher war es mit dichtem Wald bewachsen. Die Mönche von Roda haben ihn abgeholzt.

Einer Kraterlandschaft gleicht das zerfaserte Eiland L'Encalladora, das einem das Gefühl gibt, auf dem Mond zu sein. Den besten Ankerplatz findet man in einem spitz zulaufenden Einschnitt an der Nordwestseite. Bedingung für die Ansteuerung ist absolut ruhiges Wetter. Das Wasser ist ringsum glasklar, Baden ein Vergnügen. Um die Köpfe der Besucher kreisen mit lautem Geschrei Möwen, die die Insel als Brutplatz okkupiert haben.

Port Lligat

ist eine stark gegliederte Bucht auf der Rückseite von Cadaqués, der Name Port nichts als Augenwischerei. Ein hervorragender Naturhafen, geschützt durch die wie ein Riegel quer vor der Bucht liegende Isla de Lligat und die Gebirgsküste auf der anderen Seite, ist die Cala aber allemal. Dazu gibt es eine Vielzahl verborgener Ankerplätze. Trotz der schönen landschaftlichen Umgebung ist die Attraktion in der Bucht aber ein Haus – das des surrealistischen Malers Salvador Dalí –, dessen Auffälligkeit und Extravaganz sicherlich den ungewollten Nebeneffekt hat, daß es eine gute Ansteuerungshilfe ist.

Cadaqués

auch Port des Cadaqués, ist ebensowenig ein Hafen, wie es Port Lligat ist. Das malerische Fischerstädtchen liegt an einer tiefen Bucht und hat nur Ankerplätze anzubieten. Ohne Beiboot ist man aufgeschmissen. Jahrhundertelang war der Ort nur auf dem Seeweg zu erreichen. Vermutlich hat er deswegen sein farbenfrohes mediterranes Flair unverändert behalten. Eine örtliche Künstlergruppe kümmert sich um seine Pflege und Erhaltung. Inzwischen macht sich aber auch hier der Tourismus bemerkbar („Man spricht deutsch"), ohne daß dies bislang zu nennenswerten Verfremdungserscheinungen geführt hat.

Cala de Canyellas Grosas

Grosas bedeutet „groß", im Gegensatz zur Nachbarbucht Cala de Canyellas Petitas (klein). Die große der beiden Canyellas an der Südseite der Pyrenäen-Halbinsel unterhalb des 249 m aufragenden Torre del Sastre – gleich um die Ecke ist Rosas – zeichnet sich aus als wunderschöne Badebucht mit langem Sandstrand und blaugrünem Wasser. Sie eignet sich jedoch nur als Tagesankerplatz.

Rosas

ist eine weiße Stadt auf dem Berg und schon von weitem auszumachen an der Schnittstelle zwischen zum Meer absinkenden Pyrenäen-Ausläufern und der weiten Bucht von Rosas, die eine Länge von 15 km hat und sich bis zur griechisch-römischen Ruinenstadt Ampurias (L'Escala) hinzieht.

Rosas, ein 7000-Einwohner-Städtchen, das mehr vom Fischfang, weniger vom Tourismus lebt, hat eine reiche geschichtliche Vergangenheit. Es wurde von den Griechen unter dem Namen Rhode gegründet und war später ein wichtiger Militärstützpunkt und Haupthafen der spanischen Mittelmeerflotte. Rosas wurde mehrmals zerstört, zuletzt 1814 von den Truppen Napoleons.

Der Hafen dehnt sich weit aus und beherbergt eine große Fischfangflotte, zwei Restaurants, Bar. Die Werft kann mit einem Travellift Schiffe bis 80 t heben. Die Capitanía von Rosas ist auch für den Touristenhafen Santa Margarita zuständig.

Dicht am Hafen klettern hübsche Ferienhäuser den Berghang hinauf. Das Stadtzentrum mit dem alten Ortsteil (keine häßlichen Hochhäuser!) und breitem Sandstrand dehnt sich am Krümmungsbogen der Bahía de Rosas aus. An der Palmenpromenade laden eine Vielzahl Cafés zum geruhsamen Verweilen ein.

Santa Margarita

ist ein spanisches Port Grimaud, wie es inzwischen eine ganze Reihe am Mittelmeer gibt. Die Touristenstadt aus der Retorte, die verwaltungsmäßig zu Rosas gehört, wurde am Rande einer Sumpflandschaft aus dem Boden gestampft. Ein Netz von Kanälen durchzieht die künstliche Urlauber-Metropole mit Ferienhäusern, Hotels, Restaurants und Geschäften. Man kann mit seinem Boot direkt vor der Haustür festmachen.

Das Besondere an Santa Margarita ist, daß es keine Brücken gibt, die Segelbooten die Durchfahrt versperren. Alle Bootsplätze sind in Privatbesitz. Die Hauptwasserstraße ist der Canal Gran, der zur großen Servicezone führt. Der Werftbetrieb gilt als überdurchschnittlich gut.

Santa Margarita wirkt wie ein Zipfel Deutschlands in Spanien, ebenso das eine Meile entfernte *Ampuriabrava*. Deutsch ist die Umgangssprache, die deutsche Flagge weht auf den meisten Booten. Es gibt sogar deutsche Metzger- und Bäckerläden. Da behaupte noch jemand, Deutschland hätte keine Kolonien mehr.

Ampuriabrava

ist wie *Santa Margarita* eine gigantische, auf dem Reißbrett entstandene Ferienstadt, die mit 4000 Bootsplätzen das größte Wassersportzentrum Spaniens ist. Das Kanalnetz, das den Hafen labyrinthartig durchzieht, ist 75 km lang. Zu jedem Ferienhaus gehört ein Bootsliegeplatz. In der Hochsaison erreicht die Einwohnerzahl Großstadtdimension. Sie wächst auf 180000 Menschen an, während im Winter die Welt hier buchstäblich mit Brettern vernagelt ist.

50 Supermärkte halten die Versorgung aufrecht, außerdem mehrere deutsche Geschäfte und Hunderte gastronomischer Betriebe: Restaurants, Bars, Diskotheken. Im

Sommer sind fünf Ärzte ständig dienstbereit.

Im Gegensatz zu Santa Margarita gibt es einen Porto Deportivo, einen öffentlichen Sportboothafen mit 1500 Liegeplätzen. Er verfügt über alle Einrichtungen einer modernen Marina. Ampuriabrava (katalanisch Empuriabrava) wurde 1974 eingeweiht. Der Grund und Boden, auf dem die Ferienmaschinerie errichtet wurde, gehörte früher dem Marchese (Markgraf) de San Mori.

Es werden alle nur erdenklichen Freizeitangebote gemacht. Ampuriabrava ist das Centro de Paracaidismo (Fallschirmzentrum) an der Costa Brava. Auch wer in dieser Sportart völlig ungeübt ist, kann den Sprung aus dem Flugzeug im Huckepack-Verfahren wagen. Auskünfte erteilt der Schweizer Roland Hilfiker unter Tel. 72450111, Fax 72450749.

Am Rand der Bucht zwischen Ampuriabrava und dem Fluß Fluvia dehnt sich ein Sumpfgebiet aus, das unter Naturschutz steht. Der Parc Natural dels Aiguamolls de L'Empordà ist ein Refugium seltener Pflanzen und Tiere. Er kann besichtigt werden.

L'Escala

bildet die südliche Begrenzung des Golfo de Rosas. Das Hafenstädtchen ist oder, besser, war ein traditioneller Fischerort, denn jetzt ist es doch stark vom Tourismus geprägt. Der Ortskern mit den engen Straßen und alten Häusern, den vielen Cafés und Plätzen zum Draußensitzen hat aber dennoch viel von seinem ursprünglichen Charme bewahrt. Im krassen Gegensatz dazu der Ortsteil Riells, 2 km entfernt, mit dem Hafen und einem langen, schmalen Strand an der Cala de la Clota. Hier ist das Zentrum des Familientourismus mit den einschlägigen Einrichtungen. Der Hafen, den sich Yachten und die Fischerboote teilen, wirkt wie eine idyllische Insel in der Ferienhaus-Urbanisation. Wer gern Fisch ißt – in den Hafenrestaurants kommt er frisch und preiswert auf den Tisch.

Der Marinabereich wurde erheblich erweitert und modernisiert. Die Fischer sind aber noch ein beherrschendes Element.

Zum Gemeindebezirk von L'Escala gehört Ampurias, eine höchst sehenswerte Ruinenstätte einer griechisch-römischen Siedlung mit den Überresten von Straßen, Häusern, Tempeln und einem wunderschönen großen Mosaikboden. Die wichtigsten Funde wurden in das Archäologische Museum von Barcelona überführt, ein Teil kann aber auch im örtlichen Museum besichtigt werden.

Zwischen L'Escala und L'Estartit, auf einer Länge von knapp 10 km, wird es wieder felsig. Die Wilde Küste macht hier ihrem Namen abermals alle Ehre. Die größte und zweifellos schönste Bucht an dem auch Sierra de Montgrí genannten Küstenabschnitt ist die

Cala Mongó

deren inoffizielle Bezeichnung Port del Rey (Königshafen) etwas verrät von dem hohen Stellenwert, der ihr zugesprochen wird. Auch wenn die massige Halbinsel mit dem Torre Mongó, an die sich die hübsche Cala anlehnt, schon zur Hälfte mit Ferienhäusern überzogen ist, ist Cala Mongó für die Bootsfahrer eine königliche Bucht geblieben. Ankern vor dem breiten Sandstrand. Die Siedlung ist ein Ortsteil der Gemeinde L'Escala.

L'Estartit

ist ein beliebter Ferienort mit viel Grün und einem Nadelöhrfels, der sich im Hintergrund steil in die Höhe reckt. Heutzutage erlebt das Urlaubszentrum, das durch eine adrette Fußgängerzone mit vielen Einkaufsläden gefällt, einen friedlichen Ansturm, nämlich den der Touristen. Das war nicht immer so. Denn in der Vergangenheit hatte der Küstenort arg unter den Piraten zu leiden, die sich auf den *Medes-Inseln* in nur 900 m Entfernung festgesetzt hatten und von da aus ihre Beutezüge organisierten.

Von Jahr zu Jahr wurde der Hafen von einer immer größeren Zahl Yachten angesteuert, besonders von ausländischen im Transitverkehr (65 %). Das machte eine Erweiterung erforderlich. Dennoch kann es, trotz der inzwischen 688 Liegeplätze, weiterhin Engpässe geben, und zwar im Juli/August zur Hauptreisezeit. Deshalb plant der Club Náutico, der über dem Hafen in einem feinen Clubhaus mit Restaurant residiert, einen weiteren Ausbau.

Cala de Sa Tuna

Hier (nach dem Kap Negre) beginnt der wohl bekannteste und großartigste Teil der Co-

Illes Medes – ein Tier- und Pflanzenparadies

Die Medes-Inseln, der neben der Meda Gran und Meda Petita aus fünf weiteren Felseilanden bestehenden Inselgruppe (Gesamtfläche 21,5 ha), stellen praktisch die einzigen Inseln der katalanischen Küste dar. Sie sind ein einzigartiges Tier- und Pflanzenparadies mit 1345 wissenschaftlich festgehaltenen Pflanzen- und Tierarten und ein Dorado für den Tauchsport wie für die Unterwasserfotografie. Die günstigen maritimen Umweltbedingungen, die eine reiche Flora und Fauna geschaffen haben, finden ihre Erklärung in den Winden und Strömungen aus nördlicher Richtung, die – bis von der Rhône – mit organischen Bestandteilen angereichertes Wasser heranführen, ferner in den unterschiedlichen Wassertiefen, den mal überwiegend sandigen und dann wieder felsigen Formationen sowie in den Karstbildungen mit großen Aushöhlungen und Tunneln im Gestein.

Im Bereich der Illes Medes ist der Meeresboden bedeckt mit der Edel- und Rinden-Koralle, seltenen Algenkolonien, Neptungras und vielen anderen Meerespflanzen, die typisch sind für die mediterrane Unterwasserlandschaft, jedoch in der Konzentration auf engem Raum kein zweites Mal anzutreffen sind. Schalentiere und Fische, die in weiten Bereichen des Mittelmeeres längst ausgestorben sind, finden ideale Lebensbedingungen.

Aber auch die Landfauna ist bemerkenswert. So findet sich hier mit über 7000 Paaren die größte Silbermöwen-Kolonie. Die Inseln sind auch Heimat des großen Kormorans, der Alpensegler, Seiden- und Fischreiher und sogar einiger Eulen.

Die Medes und weiträumig auch das sie umgebende Seegebiet wurden durch Regierungsbeschluß zum Naturschutzgebiet erklärt. Innerhalb einer inneren Schutzzone um die Inseln bestehen unter anderem folgende Verbote: kein Fischen und Angeln, Ankern (nur bei Gefahr an Festmachetonnen), Wasserskilaufen. Die Höchstgeschwindigkeit für Boote beträgt 3 kn. Es darf getaucht werden, aber ohne Atemgerät. Schiffe und Taucher dürfen sich nur in der Zeit von Sonnenaufgang bis Sonnenuntergang bei den Inseln aufhalten. Während der Nest- und Brutzeit der Vögel von März bis Juni dürfen die Inseln nicht betreten werden, ansonsten nur an den dafür vorgesehenen Stellen. Es gibt extra gekennzeichnete Anlegestellen.

Die Schutzzone steht unter der Aufsicht des Schiffes „Elisenda" der Direcció General de Pesca Marítima.

sta Brava mit einer felsigen Steilküste voller Buchten und malerischer Badeorte, die bei Lloret de Mar wieder in flache Strände übergeht. Die Cala de Sa Tuna bildet mit der benachbarten *Cala d'Aiguafreda* eine Doppelbucht, die in eine schöne Landschaft mit Pinienhügeln eingebettet ist und zum Ankern einlädt. Besser, man erwischt eine Bojenleine. Einen bunten Farbtupfer setzt die Fischersiedlung Sa Tuna mit kleinem Kiesstrand und gepflegten Restaurants der Bucht auf.

Cala Fornells

Die Bucht gehört mit der *Cala d'Aiguablava* nebenan zu den wohl schönsten Ankerplätzen an der Wilden Küste. Wer sich von dem Massenansturm der Boote zur Hochsaison nicht schrecken läßt, sollte sich in die Schar der Ankerlieger ruhig einreihen. Denn die von Pinienwäldern gesäumten Strände und Buchten sind eine Wohltat für das Auge. Auf der südlichen Halbinsel Punta dels Muts erhebt sich ein Vier-Sterne-Parador-Luxushotel im modernen Look.

Cala Tamaríu

Bucht und Ferienort gleichen Namens liegen versteckt an der bewaldeten Küste. Der Name leitet sich ab von den Tamarindenbäumen, die zusammen mit den Pinien eine dichte Vegetation bilden. Die hell leuchtende Sandbucht ist eine zauberhafte Erscheinung. Tamaríu gehört verwaltungsmäßig zu Palafrugell.

Llafranc

ist ein ausgedehnter Fischer- und Badeort mit langem Sandstrand, der von der Landzunge mit dem hoch aufragenden *Cabo San Sebastián* gut geschützt ist. Der feinsandige Strand und der idyllische Hafen des Club Náutico (Liegeplatzangebot begrenzt) garantieren einen angenehmen Aufenthalt.

Calella

Port Bo Calella de Palafrugell ist eine Postkarten-Schönheit. Unzählige Künstler fühlten sich durch ihn inspiriert und haben hier lange Perioden ihres Schaffens zugebracht. Einst war er der Hafen von Palafrugell, heute ist er, mit Llafranc fast zusammengewachsen, nur noch Bade- und Erholungsort mit einem typisch südländischen Ambiente.

Cala Castell

bildet mit der Zwillingsschwester *Cala S'Alguer* eine Einheit. Zusammen geben sie eine Riesenbucht ab, die, touristisch gesehen, nichts zu bieten hat. Um so mehr ist sie für den Sportbootfahrer von Reiz, der schöne Tagesankerplätze findet. Cala Castell ist die schönere der beiden Schwestern. Sie macht auf sich aufmerksam durch einen breiten Sandstrand und viel Grün am Ufer.

Palamós

war einmal die Handelsmetropole Kataloniens und eine sehr kriegerische Stadt. Von hier lief die katalanische Flotte aus, um Sizilien zu erobern. In ihrer Geschichte wurde sie aber auch mehrmals von fremden Heeren attakkiert und dem Erdboden gleichgemacht. Eine bedeutende Hafen- und Industriestadt (10000 Einwohner) ist sie immer noch (täglich Fischauktionen, Korkverarbeitung), doch inzwischen spielt auch der Tourismus eine große Rolle. Fischer und Yachten teilen sich den Hafen. Der Club Náutico hat 359 Liegeplätze in seiner Obhut. In der Bucht kann geankert werden.

Palamós ist ein Seebad mit viel Atmosphäre. Alt und Neu begegnen sich auf engem Raum. Es gibt eine schöne Strandpromenade und viele Sehenswürdigkeiten.

Port d'Aro

liegt von Palamós nur 3,7 sm entfernt. Die als schmaler Hafenschlauch wie ein Lindwurm weit in das Land vordringende Marina gehört zu Playa de Aro (Platja d'Aro), einem Ortsteil des alten Castillo de Aro, 3 km entfernt. Um die Jahrhundertwende hatte die Gemeinde gerade 113 Einwohner, jetzt wächst sie im Sommer auf 100000 Feriengäste an.

An der 2,5 km langen Playa, die bis an den Sportboothafen heranreicht, türmen sich Hotelbauten à la Manhattan und Einkaufsstätten. Der beliebte Ferienort hat sich ganz und gar dem Tourismus verschrieben. Diesem Ziel dient auch die supermoderne Marina, die nur wenige Gastliegeplätze bereithält. Sie ist wunderschön von Kiefern eingerahmt. Man kann sich sicher wie in Abrahams Schoß fühlen. Der Ausbau dauert noch an.

San Feliú de Guíxols

Die lebendige Hafenstadt, die als einziger Küstenort Kataloniens schon im Mittelalter über einen ausgebauten Hafen verfügte, hat ihren Namen von dem heiligen Felix (katalanisch Feliú), der hier als Märtyrer gestorben sein soll. Um die schöne Hafenbucht führt im Bogen die Uferpromenade, die Treffpunkt der Feriengäste ist, dahinter die Stadt. Die Rambla José Antonio ist die Straße der Restaurants und Cafés.

Der Hafen hat als Hauptausfuhrplatz der Korkindustrie in den letzten Jahren an Bedeutung verloren. Das Becken ist in drei Bereiche aufgeteilt: Fischer, Yachten (Claub Náutico), Handelshafen. Das Ankern in der Bucht ist verboten.

Sehenswürdigkeiten: Teile eines alten Benediktinerklosters, Porta Ferrada, Museum; 12. Oktober Meeresprozession.

Tossa de Mar

ist mit der schönste Küstenort an der Costa Brava. Das malerische Städtchen mit dem mittelalterlichen Ortskern, den Winkelgassen und der die Bucht überragenden Befestigungsanlage mit Zinnen und Türmen auf einer felsigen Halbinsel ist ein beliebtes Postkartenmotiv und fehlt in keiner Werbebroschüre. Künstler und Intellektuelle haben Tossa international bekannt gemacht. Marc Chagall, der hier 1934 den Sommer verbrachte, widmete der Stadt das Bild „Der Violinspieler". Es ist im Museum des Ortes zu sehen. Der Maler stellte in dem Werk den Flug eines Violinspielers vor einem geöffneten Fenster Tossas mit dem Panorama seines Geburtsortes Vitebsk dar.

Vor Tossa zu ankern, ist ein wunderschönes Erlebnis.

Cala Canyellas

lehnt sich sanft an die Felsen an und ist ein winziger, schön gelegener Sportboothafen, in dem Boote nur bis 10 m Länge Platz haben. Der hübsche Sandstrand in seiner Nähe und der Badeort *Lloret de Mar,* ein ehemaliges Fischerdorf, sind gute Argumente für einen Hafenstopp.

Blanes

setzt den Schlußpunkt an der Costa Brava. Die lebendige Hafenstadt (15000 Einwohner) hat eine lange maritime Tradition. Bekannt ist sie wegen ihrer Spitzenmanufaktur und vielfältiger anderer wirtschaftlicher Aktivitäten. Zwar hat sie sich auch dem Tourismus zugewandt, doch er hat keine große Bedeutung für die Stadt. Parallel zum Hafen zieht sich die Uferpromenade hin mit weitem Sandstrand und langer Häuserzeile.

Liegeplätze findet man beim Club de Vela oder am Molenkai. Ankern ist im Hafenbecken verboten.

Sehenswürdigkeit: Botanischer Garten mit über 3000 mediterranen Pflanzen. Er ist das Lebenswerk des deutschen Botanikers Dr. Karl Faust.

5 DIE LEVANTE GIBT SICH MILD

COSTA BLANCA – DIE WEISSE KÜSTE

Auch das ist die Costa Blanca, wie hier im Nordabschnitt der Küste bei Cabo de la Nao, wo die zerklüfteten Felswände bis ans Wasser heranreichen und skurril geformte Buchten und Einschnitte bilden. Weiter im Süden ändert sich das Bild schlagartig. Die Berge treten zurück und machen weißen Stränden Platz.

2

3

4

1 *Eine Naturbildung von eindrucksvoller Schönheit: Cabo de San Antonio mit dem Puerto Jávea. Der Hafen bietet Yachten guten Schutz.*
2 *Felswände, die senkrecht ins Meer stürzen, von den Wellen zu skurrilen Formen ausgewaschen: Cabo de San Antonio von der Wasserseite.*
3 *Wie ein Adlerhorst über dem Meer: Leuchtfeuer Cabo de San Antonio schickt seine Lichtstrahlen aus 175 m Höhe in die Ferne.*
4 *Im engen Kontakt mit der Uferpromenade: Yachthafen von Denia zu Füßen des Burgberges mit der Altstadt und dem Fischerviertel.*

1 *Der östlichste Punkt der Costa Blanca: Cabo de la Nao mit Felshöhlen und dem Leuchtturm.*
2 *Eine große Marina an einer schönen Bucht: Puerto de Morayra mit 599 Liegeplätzen.*
3 *Eine Bilderbuch-Bucht: Cala de Granadella.*
4 *Wie ein Maulwurfhaufen im Meer: Isla del Portichol mit grüner Kappe.*
5 *Wie ein breiter Riegel vor der Küste: Isla del Descubridor lang hingestreckt.*

5

1 *Vor der Stadtkulisse: der Puerto de Altea, der zweigeteilt ist. An der mächtigen Mole mit riesigen Betonquadern liegen die Fischerboote, gegenüber hat der Club Náutico Altea seinen abgegrenzten Bereich. Am Yachthafen zieht sich eine palmenbestückte Mini-Promenade hin.*

2 *Ein kleiner Bootshafen mit intimer Atmosphäre: Puerto Blanco an einer sanften Bucht. Am Berghang klettern hübsche Ferienhäuser empor.*

3 *Eines der Wahrzeichen der Costa Blanca: der wie ein spitzer Pfahl 328 m in die Höhe ragende Peñón de Ifach auf der Spitze einer Landzunge – ihm zu Füßen der in den Fels eingepaßte Hafen von Calpe.*

3

Vor eindrucksvoller, gewaltiger Gebirgswand: Puerto Luis Campomanes von Mascarat, der sich mit den mehrstöckigen Appartementhäusern an die Felswand anlehnt. Darüber als schmaler Streifen sichtbar die Nationalstraße 340, die Alicante mit Valencia verbindet, und noch ein Stück höher als langgezogenes helles Band die Küstenautobahn. So wie auf dem Foto hier gut erkennbar, halten überall an der Costa Blanca hohe Gebirgsketten die kalten Nordwinde ab und bescheren der Küste das vielgerühmte milde Klima, das einen Urlaubstörn auch noch im Winter ermöglicht.

1

2

3

4

5

1 *Ein mächtiges Küstengebirge, dessen schroffe Felswände rotbraun schimmern: Sierra Helada mit der Punta del Albir (Leuchtfeuer). Im Hintergrund die Skyline von Benidorm.*

2 *Eine Wolkenkratzerstadt, deren Hochhaustürme wie Fremdkörper in der Landschaft wirken: Benidorm, eine Touristenmetropole der Superlative.*

3 *Kleine Insel mit Klippengarten: Isleta de Benidorm. Gegen die anstürmende See wehrt sie sich mit einer Steilküste.*

4 *Winziges Eiland zwischen Altea und Punta del Mascarat: Isleta de la Olla.*

5 *Ein bedeutender Fischerhafen: Villajoyosa mit mächtigem Wellenbrecher. Die Yachten verteilen sich hinter der Quermole auf 100 Liegeplätze.*

1

2

3

4

1 *Alicante zu Füßen des mit dem Castillo de Santa Bárbara gekrönten Schloßberges. Weit dehnen sich der Hafen, das Häusermeer und die Playa de Postiguet aus.*

2 *Der Hafen von El Campello vor den Toren von Alicante. Der alte Wachtturm (links) ist ein gutes Erkennungsmerkmal.*

3 *Costa Blanca, ein kleiner Hafen an der Playa de la Albufereta. Er liegt am östlichen Ende der Bucht von Alicante.*

4 *Die Steganlage des Real Club de Regatas von Alicante vor der Palmenpromenade. Dahinter weitet sich das Stadtzentrum aus.*

1

1 *Fischer und Sportbootfahrer fein säuberlich getrennt: Der gewaltige Wellenbrecher im Puerto de Santa Pola ist der Platz der Fischerboote, während die Yachten ihren eigenen Hafen im Hafen haben. Die Salzseen reichen bis an die Stadt heran (oberer Bildrand).*

2 *Buntfarbig und akkurat in eckige Felder aufgeteilt: Die „Salinas“ bestimmen um Santa Pola und Torrevieja das Bild der Landschaft. Zum Teil liegen sie bis 2,7 m unter dem Meeresspiegel. Die Salzgewinnung ist ein wichtiger Wirtschaftsfaktor.*

3 *Platz der Sportboote im Hafen von Torrevieja: Die Steganlage des Club Náutico an der Palmenpromenade hat ein Fassungsvermögen von 350 Yachten. Unmittelbar daneben soll eine neue Marina mit 858 Liegeplätzen gebaut werden.*

4 *Am Strand bei Santa Pola: Werftbetrieb auf spanisch. Auf dem molengeschützten Slip können auch Yachten der Megaklasse an Land gezogen werden.*

2

3

4

Eine Insel, die wie ein Phantasiegebilde aus einer anderen Welt erscheint. Tabarca heißt diese kahle Steinlandschaft vor der Küste bei Santa Pola mit dem winzigen Hafen und einem Glitzerwasser, das mit der ganzen Farbenfülle des Mittelmeeres leuchtet. Hier wird die Vorstellung vom einsamen Inselleben Wirklichkeit. Die Häuser im Puppenstubenformat gruppieren sich um den viereckigen Dorfplatz, „La Plaza", in der Mitte. Man kann mit dem eigenen Boot hierher kommen oder mit einem der Ausflugsschiffe, die von Alicante und Santa Pola das Eiland im Stundentakt ansteuern. Allerdings hat sich der Besucher der unter Denkmal- und Naturschutz stehenden Insel – es werden auch Zimmer vermietet – an einige Auflagen zu halten: Er darf keine Angelausrüstung mitbringen – Fischen und Angeln im Bereich der Isla ist streng verboten. Schiffe dürfen in Inselnähe maximal nur fünf Knoten fahren.

Die Costa Blanca sei aus dem Schaum der Mittelmeerwellen entstanden, heißt es poetisch. Herrliche goldfarbene Sandstrände und scharfe Felsvorsprünge und Steilküsten lösen einander ab. Ihren Namen hat die Costa Blanca, die weiße Küste, die Teil der spanischen Levante ist (italienisch „Levante" = Land des Sonnenaufgangs), von der strahlenden Helle ihrer Strände. Die Badestrände ziehen sich oft über viele Kilometer hin.

Die Levante erhält ihren besonderen Reiz dadurch, daß die Gebirgszone an einigen Stellen bis ans Wasser reicht und an anderen zwischen Gebirge und Küstensaum sich weite, fruchtbare Ebenen mit fast tropischer Vegetation ausbreiten.

Die Costa Blanca schließt sich an die Costa del Azahar („Küste der Orangenblüte") an und hat eine Länge von 219 km. Der Rio Revuelta bildet die Trennungslinie zwischen den beiden Küsten. Geographisch betrachtet kann man sagen, daß die Weiße Küste von zwei Kaps eingefaßt ist, vom spitz ins Meer vorspringenden Cabo de San Antonio im Norden und dem mächtigen Cabo de Palos im Süden. Verwaltungsmäßig fällt sie mit der Provinz Alicante zusammen, die mit Castellón und Valencia eine Region bildet.

Je weiter man sich von Valencia entfernt, desto mehr ändert sich das Bild. Die Landschaft der Orangenhaine wird an der Costa Blanca von Weinbergen, Olivenbäumen und Palmen abgelöst.

Sonne und Meer kennzeichnen die Küste. Wegen des außergewöhnlich milden Klimas ist sie im Sommer wie im Winter als Feriengebiet geschätzt. Große Badeorte sind entstanden, von denen Benidorm der bekannteste ist, aber auch viele moderne Yachthäfen. Der Wassersport hat auch für die Costa Blanca stark an Bedeutung gewonnen.

Denia

ganz im Norden der Costa Blanca, eine hübsche, festungsgekrönte Stadt, ist das Tor zur Costa Blanca. Sie ist eine an den Hängen des Mongó (mächtiger Kalkberg von 753 m Höhe) erbaute Siedlung griechischen Ursprungs. Der Name leitet sich vermutlich von einem der Göttin Diana geweihten Tempel ab, der hier einmal gestanden hat. Auch wenn die Einwohnerzahl inzwischen auf 26800 angewachsen ist, hat Denia doch nicht seine Identität eingebüßt, sondern ist ein idyllisches spanisches Fischerstädtchen inmitten immergrüner Orangenplantagen geblieben.

Beherrscht wird die Stadt von einem Felshügel mit den Resten eines Kastells aus römischer und arabischer Zeit. Aus 58 m Höhe hat man einen phantastischen Blick auf die malerische Altstadt und das Hafenviertel „Baix de la Mar" mit dem vorgelagerten Hafen. Denia war schon immer, besonders während der nahezu 800jährigen Maurenherrschaft (im Jahre 711 landete der Araberführer Tarik in Gibraltar) eine blühende Hafenstadt und ist es bis heute geblieben. Von hier wird der Fährverkehr mit den Balearen (Ibiza) abgewickelt.

Eine Kette von Riffen beherrscht die Einfahrt, die sich bis in den von unproportional langen Molenarmen eingerahmten Vorhafen fortsetzen. Einlaufen in der Fahrrinne, nachts Richtfeuer. Liegeplätze (210) für Boote bis 15 m Länge findet man beim Club Náutico im Innenbereich des Hafens.

Denia hat sich zu einem lebendigen Urlaubsort mit 20 km langen Stränden entwickelt. Berühmt ist er wegen seiner guten Küche – vor allem Fischgerichte – und der zahlreichen Feste. Am bekanntesten sind das Patronatsfest in der ersten Augusthälfte, bei dem „los bous en la mar", Stiere im Wasser, nicht fehlen dürfen, und das Fest „piratas berberiscos" vom 14. bis 16. August, bei dem der Kämpfe mit den Piraten gedacht wird.

Jávea

Ein Sprung über den Monte Mongó, und man ist in Jávea (valencianisch Xàbia), einer kleinen weißen Stadt auf einem Hügel. Noch einmal 3 km weiter ist man wieder am Wasser und hat zu Füßen den schön gelegenen Hafen. Seine Schönheit bezieht er von einem gewaltigen Bergrücken, an den er sich, so scheint es, schutzsuchend anlehnt. Auf der Spitze das Leuchtfeuer des mächtigen Cabo de San Antonio, das der Landschaft den Stempel aufdrückt. Das Kap ragt 170 m in die Höhe. Zum Meer fallen die rötlichbraunen Felswände senkrecht ab – eine eindrucksvolle Schöpfung der Natur.

Jávea selbst entzückt mit einem reizvollen mittelalterlichen Stadtbild mit Mauern und Türmen. Der Hafen bietet hervorragenden Schutz. Liegeplätze (184) beim Club Náutico oder an der Innenseite des Wellenbrechers. Jávea ist ein weitgehend lärmfreier Puerto.

Cabo de la Nao

eine spitz zulaufende Felsnase, liegt 4,5 sm von Cabo de San Antonio entfernt und markiert den östlichsten Punkt der Costa Blanca. Der achteckige Leuchtturm darauf leuchtet aus 122 m Höhe. Links und rechts von ihm stürzen die Felswände im freien Fall zum Meer ab. Das Gestein ist durchlöchert wie ein Schweizer Käse.

Um das Kap ist die Küste reich an Inseln und Ankerplätzen. Nördlich von ihm, vis-à-vis der *Pta. Negra,* ragt die *Isla del Portichol* wie ein Maulwurfhaufen aus dem Meer, mit einem grünen Haupt.

Ein anderes Felseiland liegt auf der anderen Seite des Kaps, dort, wo die Küste nach Südwesten abknickt, so dicht unter Land, daß man meinen könnte, sie würde mit diesem zusammenstoßen. *Isla del Descubridor* kann zugleich als Ansteuerungshilfe für eine der schönsten Buchten an der gesamten Costa Blanca gelten.

Cala de Granadella

heißt sie, wahrlich ein Traum von einer Bucht. Das Wasser leuchtet in allen Grün- und Blaufarben, am Ufer ein kleiner weißer Badestrand, drumherum hohes Felsenufer mit grünem Bewuchs. Ankern ist hier ein himmlisches Vergnügen, vorausgesetzt, der Südwind bläst nicht hinein.

Morayra

ist ein Hafen, der sich wieder hinter einem Kap verbirgt. Aus einem kleinen unbedeutenden Fischerhafen hat er sich zu einer hypermodernen und mit 599 Liegeplätzen zu einer der großen Marinas an der Costa Blanca entwickelt. Das 172 m hohe Cabo de Morayra, in dessen Schatten er sich ausbreitet, gewährt dem Puerto Schutz und Sicherheit. Die Cala Morayra, die sich im sanften Bogen bis Cabo Blanco hinzieht, ist überdies eine Bucht großer Schönheit.

Trotz des Tourismus, der sich hier breitgemacht hat, zeigt sich das ehemalige Fischerstädtchen weiterhin von seiner liebenswürdigen Seite.

Calpe

Einer Laune der Natur verdankt der Puerto de Calpe seinen hohen Bekanntheitsgrad weit über die heimatlichen Grenzen hinaus. Auf vielen Werbefotos ist er publicitywirksam abgebildet. Das kommt von einem Berg, einem, der wegen seines Aussehens oft mit Gibraltar verglichen wird. Der Peñón de Ifach steigt unvermittelt aus dem Meer zur Höhe von 328 m auf. Der schroffe Felsklotz, der vulkanischen Ursprungs ist, steht wie ein einsamer Wächter vor dem Hafen. Eine bessere Ansteuerungsmarke kann man sich nicht denken. Der nackte Felsen ist eines der Wahrzeichen der Costa Blanca. Er kann auf

Der Stierkampf

In der ganzen Welt ist der Stierkampf als große Leidenschaft der Spanier bekannt. Stierkämpfe werden eigentlich nur noch in Südspanien gezeigt, und die Jugend des Landes findet immer weniger Gefallen daran. Auf Platz 1 der Beliebtheitsskala rangiert ohnehin „König Fußball". Die Entstehungsgeschichte der Stierkämpfe *(corridas de toros)* reicht weit in die Jahrhunderte zurück. Vermutlich wurden sie einst als religiöse Kulthandlungen begonnen und gerieten im Mittelalter zum höfischen Sport, zur Mutprobe oder zum Spektakel für das Volk.

Ein jeder Stierkampf läuft nach festen Regeln ab. Eine *corrida* besteht aus sechs Kämpfen mit zwei bis vier *matadores.* Bei den Eintrittspreisen wird zwischen den teureren Schattenplätzen und den billigeren Sonnenplätzen unterschieden. Die Kampfstiere werden auf speziellen Farmen gezüchtet. Auch wenn die blutigen Schauspiele, die immer wieder die Proteste der Tierschutzverbände im Ausland hervorrufen, nicht jedermanns Sache sind, so ist es doch beeindruckend, die Begeisterung der Spanier bei den Duellen Mensch gegen Tier zu erleben.

einem Pfad bestiegen werden (eineinhalb Stunden).

Zu seinen Füßen dehnt sich der Hafen mit 291 Liegeplätzen für Fischerboote und Yachten aus. Zu beiden Seiten der Landzunge ferner lange Sandstrände, weiter zurück das 12000-Einwohner-Städtchen Calpe, in dem heute noch Spuren aus phönizischer, griechischer, römischer und arabischer Zeit sichtbar sind. Calpe ist eine der ältesten Siedlungen der Küste. Funde aus prähistorischer Zeit haben dies bewiesen. Von Jahr zu Jahr kommen jetzt mehr Touristen hierher.

Puerto Blanco

ist so klein und liegt so versteckt, daß ihn viele Bootsfahrer gar nicht wahrnehmen. Das ist schade, denn der Sportboothafen ist von angenehmer Reserviertheit. Und er paßt sich harmonisch in die Landschaft ein. Er gehört zur Feriensiedlung, die sich am Berg hochrankt. Liegeplätze sind knapp.

Puerto Luis Campomanes

so genannt nach dem Erbauer der hypermodernen Anlage, ist eingebettet in eine Landschaft von bestechender Schönheit. Im Hintergrund ragen gewaltig die Sierra de Aixorta und die Sierra de Aitana auf, deren kahle Felsen eine Höhe von 1558 m erreichen. Den hohen Gebirgsketten verdankt die Küste ihr mildes Klima, denn sie halten die kalten Nordwinde ab.

Die Marina wurde förmlich aus dem Fels herausgehauen. Zwei lange Asphaltbänder ziehen sich am Berg hin: Das obere ist die Autobahn, das untere die N 340 Valencia – Alicante. Man ist mit dem Auto schnell am Boot. 1984/85 nahm der Puerto seinen Betrieb auf. Ringsum erheben sich Ferienhäuser, die, viele Stockwerke hoch, bis an den Fels heranreichen. Die Ferienanlage heißt Greenwich-Village, in Anlehnung daran, daß der Nullmeridian genau durch den Hafen geht.

Der Club Náutico Mascarat verwaltet 552 Liegeplätze für Schiffe bis 30 m Länge. Campomanes ist einer der Häfen mit der größten Wassertiefe (4 – 7 m). Die feine, saubere Anlage kann als Symbol gelten für die maritime Aufwärtsentwicklung an der Costa Blanca. Gute Serviceangebote. Die spanische Belliure-Werft ist mit einem Zweigbetrieb vertreten.

Für die Ansteuerung aus südlicher Richtung ist die runde Felseninsel Isleta de la Olla eine gute Orientierungshilfe.

Altea

Auf einem Hügel an den Ausläufern der Sierra Bernia und der Mündung des Rio Algar breitet sich malerisch hingebettet Altea aus, die weiße Stadt. Sehenswert ist die Altstadt, die weitgehend unbeeinträchtigt geblieben ist. Aus dem Häusergewirr von „La Vella", des alten Altea, erhebt sich die farbige Rundkuppel der katholischen Pfarrkirche, die ein charakteristisches Erkennungsmerkmal für die Ansteuerung ist.

Eine Spezialität von Altea sind die Langusten, die dort gefangen werden. Und auch als Künstlerzentrum hat der Ort Bekanntheit erlangt. Doch ebenso gilt er als wichtiges Fischer- und Hafenstädtchen und Stützpunkt einer großen Yachtflotte. Der Club Náutico de Altea verfügt über 336 Liegeplätze für Yachten bis 20 m Länge. Das Clubhaus mit Swimmingpool, Restaurant, Bar ist vom Feinsten, die Anlage insgesamt sehr sauber und gepflegt.

Sierra Helada

ist ein mächtiger Bergrücken, der die viele Kilometer geradlinig verlaufende Küste zwischen Cabo de la Nao und Cabo de las Huertas kurz vor Alicante ziemlich genau in der Mitte wirkungsvoll unterbricht. Der nackte Fels, der 190 m steil aufsteigt, dringt wie ein eckiger Rammbock breit ins Meer vor. Das nördliche Ende wird von der Punta del Albir mit einem Leuchtfeuer markiert, das südwestliche von der Punta de la Escaleta. Dort, wo sich der Berg wieder auf Meeresniveau absenkt, dehnt sich an kilometerlangem, pulvrigem weißem Sandstrand die größte Touristenstadt der Costa Blanca aus –

Benidorm

Die Urlaubsmetropole ist eine Wolkenkratzerstadt, die den Vergleich mit Manhattan geradezu aufzwingt. Kaum zu glauben, daß die Keimzelle Benidorms ein ehemals malerisches Fischerdörfchen war, von dem nur noch wenige Gassen übriggeblieben sind. Das alte Benidorm zählt heute 15000 Einwohner, doch im Sommer steigt die Zahl mühelos auf weit über 200000 an.

Das moderne Benidorm hat keinen Hafen, sondern nur eine kleine Anlegestelle für die Ausflugsboote. Man kann allenfalls in der Bucht vor Anker gehen. In geringer Entfernung ragt die befeuerte Isleta de Benidorm aus dem Wasser.

Villajoyosa

Die Hafenstadt ist vom Tourismus längst nicht so vereinnahmt wie die meisten anderen Orte der Küste. Die Fischindustrie bildet nach wie vor den wichtigsten Wirtschaftszweig. Schön anzuschauen sind die Häuser mit ihren farbenfrohen, bunten Fassaden. Sehenswert sind ferner alte Stadtmauern, Festungstürme sowie eine gotische Kirche.

Alljährlich findet vom 24. bis 28. Juli das Fest „Moros y Christianos" statt. Es symbolisiert den Kampf zwischen den Mauren und Christen. Auftakt ist eine „Seeschlacht", in der die Mauren zunächst siegen. Doch am Abend werden sie von den christlichen Verteidigern wieder aus der Stadt gedrängt.

Danach wird in einer nächtlichen Prozession ein Bildnis der Santa Marta durch die Straßen getragen.

In einer Ecke des Hafens hat sich der Club Náutico mit 100 Liegeplätzen etabliert. Zum Ankern ist in dem Hafenbecken kaum Platz.

El Campello

Landwirtschaft und Fischfang spielen für diesen kleinen Ort vor den Toren von Alicante noch immer eine große Rolle, auch wenn der Tourismus längst Einzug gehalten hat. Die kilometerlangen berühmten Badestrände San Juan und Muchavista reichen an El Campello heran.

Der Hafen ist von sympathischer Schlichtheit, dennoch, es fehlt an nichts: Restaurant, Bar, Duschen, Toiletten – alles ist in bester Ordnung. Dem rührigen Club Náutico unterstehen 450 Liegeplätze für Boote bis 12 m Länge. Auffallend der gut erhaltene Wachtturm La Illeta aus dem 16. Jahrhundert über dem Hafen.

Alicante

Die Provinzhauptstadt Alicante (250000 Einwohner) ist der Mittelpunkt der Costa Blanca. Sie gilt als eine der schönsten und klimatisch angenehmsten Städte Spaniens. In einem Volkslied wird sie als „la millor terra del mon", das beste Land der Welt, besungen. Sie zählt zu den ältesten Siedlungsplätzen am Mittelmeer. Von den Römern wurde sie „Lucentum" und von den Mauren „Lecant" oder „Al-Lucant" genannt.

Kenntlich ist sie an dem auf einem Felssockel über der Stadt thronenden Castillo de Santa Bárbara, das besichtigt werden kann. Sehenswert ist neben mehreren Kirchen und Museen vor allem das alte Rathaus mit einer schönen Barockfassade. An der Treppenstufe des Rathauses wird übrigens der Nullpunkt über Meereshöhe gemessen, auf dem sich alle Höhenangaben in Spanien beziehen.

Alicante ist eine pulsierende, moderne Großstadt mit besten Einkaufsmöglichkeiten. Das Altstadtzentrum ist das Kneipenviertel mit einem großen nächtlichen Vergnügungsangebot. Keinesfalls sollte man versäumen, einmal auf der wegen ihres Mosaikfußbodens berühmten Palmenpromenade am Hafen zu wandeln.

In Alicante werden die Feste besonders ausgelassen gefeiert. Am bekanntesten ist das Fest „Hogueras de San Juan" mit Blumenschlachten, Feuerwerk und Stierkämpfen vom 23. bis 30. Juni.

Die Stadt ist nicht nur Seebad und Winterkurort, sondern auch ein bedeutender spanischer Mittelmeerhafen. Für viele Fahrtensegler ist er wegen der milden Winter der klassische Überwinterungshafen. Die Esplanada de España mitten im Zentrum ist der Stammplatz der ausländischen Yachten für einen längeren Aufenthalt.

Als Alternative bieten sich nur zwei Möglichkeiten an: der traditionsreiche Real Club de Regatas mit noblem Clubhaus, ebenfalls an der Esplanada, der 1990 sein 100jähriges Bestehen feierte, und der Club Náutico Alicante Costa Blanca außerhalb der Stadt am nordöstlichen Ende der Bucht im Ortsteil Albufera.

Santa Pola

von einer alten Festung aus dem 14. Jahrhundert umringt, ist stolz auf seinen Hafen und den Fremdenverkehr.

Das Küstengebiet hier ist weit und flach und von feinsandigen Stränden, aber auch von Salzseen durchzogen. Die Stadt liegt teils auf einer Landzunge mit steilen Abhängen, teils in einer Bucht mit Dünenlandschaft. So schnell wie das Gemüse und Getreide in dieser Gegend wachsen, nehmen auch die Chalets und Appartementhäuser zu. Die 13500 Einwohner große Stadt ist einer der aufstrebenden Ferienorte im Südabschnitt der Costa Blanca. Von großer Bedeutung für die Wirtschaft ist aber auch die Salzgewinnung.

Santa Pola ist Heimathafen für eine der größten Fischfangflotten an der spanischen Mittelmeerküste. Die Restaurants sind bekannt für ihre Fischspezialitäten. Mit dem wachsenden Tourismus hat sich auch der Yachtsport etabliert. Die Marina (460 Liegeplätze), unter der Regie des Club Náutico, hat den ganzen Westteil des Hafens mit Beschlag belegt.

Rund 1 km östlich findet man, durch zwei Molen geschützt, in Strandnähe einen Werftbetrieb mit Slip und leistungsfähigem Travellift. Hier kann man zeitweilig festmachen oder ankern.

Außer zu den Salinen bietet sich von Santa Pola ein Ausflug zur Palmenstadt *Elche* an, die vom Meer 14 km entfernt liegt. Die Palmenhaine – eine Hinterlassenschaft der Araber – stellen heute den größten Palmenbestand Europas (angeblich über 400000 Bäume) dar. Zu Wasser sollte man einen Abstecher zur 3 sm von Cabo de Santa Pola entfernten

Isla Tabarca

machen, einem weltabgeschiedenen, karstigen Eiland, das von allen Seiten vom Meer angeknabbert erscheint. Die einsame Insel, die nur etwa 2 km lang und 600 m breit ist und 170 Bewohner hat, steht unter Denkmalschutz. Die Gewässer ringsum sind Naturschutzgebiet.

Isla Tabarca, ein früherer Piratenstützpunkt, wird von Fischerfamilien bewohnt. Die Männer fahren zum Fischfang bis nach Afrika und in den Atlantik. Um die viereckige „Plaza" in der Dorfmitte gruppieren sich die weißen Häuser mit ihren roten Dächern, die von einer hohen Festungsmauer umgeben sind. Dazwischen ragen die 1769 vollendete Kirche heraus, die „Casa del Gobernador" (Haus des Gouverneurs) und der Turm „San José".

Meer, Felsen und Geschichte bilden eine wundervolle Harmonie auf dieser Insel. Man kann mit dem Boot in dem kleinen Hafen anlegen. Länge bis 15 m, Tiefgang maximal 1,8 m.

Torrevieja

Zwei Dinge sind es, die diesem Städtchen (16500 Einwohner) den Hauch des Besonderen verleihen: „la sal y las habaneras", das Salz und die Tänze. Die „Salinas", die Salzseen, die Torrevieja umgeben, sind mit 30 km^2 die größten und bedeutendsten Europas. Das Tanzfestival „Habaneras" zieht im August viele Gäste an.

Torrevieja – 1829 durch ein Erdbeben zerstört – hat sich vom Fischerdorf zum Touristenzentrum gewandelt. Der Puerto ist ein geräumiger Fischer- und Handelshafen für den Salzexport, doch die Yachten sind auf dem Vormarsch. Der Club Náutico, 350 Liegeplätze, soll schon bald Verstärkung bekommen. Die Marina Internacional de Torrevieja S.A. will einen neuen Sportboothafen mit 858 Yachtplätzen bauen. Torrevieja würde dann in die Spitzengruppe der größten Marinas in Spanien aufrücken.

6 DER BALKON EUROPAS

COSTA DEL SOL – DIE SONNENKÜSTE

Das Foto spiegelt das eine Bild der Costa del Sol wider, das des östlich von Málaga gelegenen Küstenabschnitts mit von Bergen umschlossenen Badestränden und Ankerbuchten. Dieses Gebiet ist touristisch wesentlich weniger erschlossen als der Süden, der eine hochentwickelte Urlaubszone ist.

1

1 *Eine Stadt mit kalkgeweißten Häusern, die wie keine andere wunderbar orientalisch und andalusisch wirkt: Almería am Ende des gleichnamigen Golfes mit der Steganlage des örtlichen Club de Mar. Der Paseo de Almería, die palmengesäumte Hauptstraße, die voller Leben ist, führt bis in die Nähe des Hafens. Almería hat ein trocken-heißes Klima und ist berühmt für die besonders milden Temperaturen im Winter. Beeindrukkend ist die rauhe Bergwelt ringsum.*

2 *Araberburg mit Leuchtturm: Dem zinnenbewehrten Castillo de San Telmo auf einem Felsvorsprung an der Westseite von Almería ist in 77 m Höhe das Leuchtfeuer gleichen Namens aufgesetzt. An der Befestigungsanlage führt die Küstenstraße N 340, die Hauptverbindung zwischen Almería und Málaga, vorbei.*

3 *Von einer kahlen Bergwand und der Küstenstraße N 340 flankiert: die neue Marina in Aguadulce mit dem sich dahinter ausdehnenden Touristenzentrum.*

4 *Ein schlichter Fischerhafen, der für Yachten interessant geworden ist: Roquetas de Mar in einer flachen Ebene, mit vier neuen Stegen für die Sportschiffahrt. Die mit Plastikfolien zugedeckten Felder reichen bis an den Ort heran.*

2

3

4

1

1 *Typisch für den Ostteil der Costa del Sol ist an diesem Bild alles: die weißen Häuser von La Rápita, der arabische Wachtturm, das Kastell, das trockene Flußbett, die „Plastikfelder“.*
2 *Noch nicht ganz fertig: Marina Almerimar mit Ferienhäusern.*
3 *Ein urtümlicher Fischerhafen mit viel Platz: Adra.*
4 *Ein Leuchtturm in 98 m hoher Aussichtsposition an der bizarren Steilküste: Cabo Sacratif.*
5 *Marina Almerimar: Ein runder Turm entbietet den Willkommensgruß.*
6 *Im Hafen von Motril: die Bootsplätze des Club Náutico, von einem Turm überragt.*

2

4

5

3

6

Ein hübscher, adretter Sportboothafen, kombiniert mit einer Ferienhaus-Siedlung: Marina del Este an einem der schönsten Abschnitte der Küste. Wie maßgeschneidert ist die Anlage, die ringsum von hohen Bergen eingeschlossen ist, in die Landschaft eingefügt. Beim Bau ist darauf geachtet worden, die Natur so weit wie möglich unverändert zu belassen. Dies wird besonders an der kleinen Felseninsel deutlich, die geschickt in den Hafen einbezogen wurde.

1

1 Blick auf Málaga, wie man ihn von der auf einem Hügel gelegenen Araberfestung Gibralfaro hat. Zu Füßen liegt der sich weit ausdehnende Handelshafen mit seinen verschiedenen Becken, davor die Stierkampf-Arena (Plaza de Toros) am Paseo de Reding im Stadtteil Malagueta.

2 Das Becken des Real Club del Mediterráneo de Málaga am Paseo de la Farola: Der älteste Yachtclub Spaniens verfügt hier nur über 25 Liegeplätze. Der Leuchtturm ist eine markante Landmarke.

2

3 *Ein Hafen mausert sich: Puerto de Vélez bei Torre del Mar, bislang nur bekannt als wenig einladender Fischerhafen, soll auch für die Sportschiffahrt attraktiv werden. Ein erster Schritt wurde mit dem Bau mehrerer Stege getan, weitere Einrichtungen sollen folgen.*

4 *Ein kleiner Sportboothafen vor den Toren Málagas: Der Puerto de El Candado an der Playa de Almellones ist ein Clubhafen mit 230 Liegeplätzen. Transitplätze sind rar. Der Club Náutico ist sehr aktiv.*

1

1 Vom kleinen Fischerdorf zum Touristenzentrum: Fischer- und Yachthafen Fuengirola vor der trutzigen Gebirgskulisse der Sierra de Mijas.

2 Eine der wichtigsten Marinas an der Sonnenküste: Benalmádena mit einer im Halbkreis terrassenförmig angelegten Wohnanlage.

3 Das feine Empfangsgebäude mit großem Innenhof und Tankstelle an der Einfahrt von Benalmádena. Hier residiert die Capitanía.

4 Ein Klein-Venedig mit Bootsinseln und geschwungenen Brückenübergängen: Benalmádena ist eine schmucke Anlage, die bei den deutschen Skippern hoch im Kurs steht.

2

3

4

1

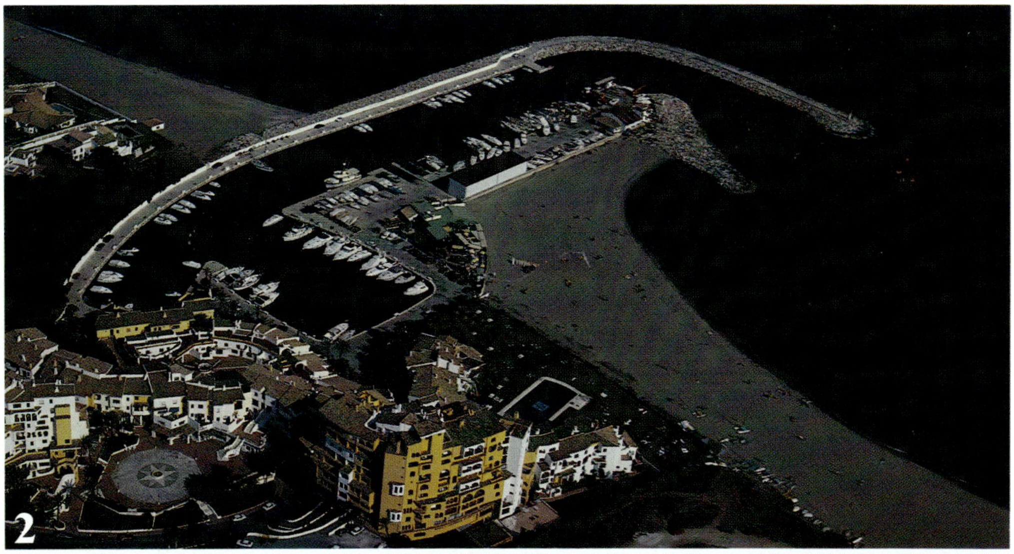

1 *Der Puerto des Club Marítimo im Zentrum von Marbella.*

2 *In eine exklusive Wohnanlage eingebettet: Puerto Cabo Pino.*

3 *Die älteste und feinste Marina an der Costa del Sol: Puerto José Banús.*

4 *Ein Hafen für Yachten und Fischerboote: Puerto de Estepona.*

Edel ist alles in der Marina José Banús – die Luxusyachten aus aller Welt, die sich ein Stelldichein geben, die noblen Ferienbauten.

Die Costa del Sol, gerühmt als Land unter der Sonne Andalusiens, erstreckt sich geographisch gesehen fast über 300 km von Almería bis nahe Gibraltar. Von dort ist es nur ein 14-km-Sprung hinüber nach Afrika. Wegen der Nähe zum afrikanischen Kontinent wird die Sonnenküste auch als „Balkon Europas" bezeichnet.

320 garantierte Sonnentage im Jahr, milde Temperaturen im Winter – vor den kalten Nordwinden ist sie durch eine Bergkette geschützt – und die wilde, im Hinterland noch weitgehend unberührte Natur, all dies hat das „Kalifornien" der spanischen Mittelmeerküste berühmt und für den Tourismus anziehend gemacht.

Die Costa del Sol teilt sich in einen westlichen und einen östlichen Teil. Von Málaga, dem Mittelpunkt der Sonnenküste, in der Mitte getrennt. Der Westteil ist touristisch wesentlich stärker erschlossen. Dort findet man so bekannte Urlaubsorte wie Torremolinos und das exklusive Marbella mit ebenso noblen Yachthäfen. Die Küste ist flacher, die Strände sind länger, während östlich von Málaga die Berge zum Teil bis ans Wasser heranreichen, Buchten, Klippen und Steilküsten bildend.

Hier findet man noch eher das unverfälschte Andalusien, das der weiß getünchten Häuser und heiteren Bauerndörfer, an denen das hinterlassene Erbe der Araber deutlich sichtbar ist.

Und noch etwas macht die Costa del Sol einzigartig: Mitten im Sommer kann man vom Badestrand zum Skilaufen aufbrechen. In zwei Stunden ist man mit dem Auto in der Bergwelt der mit ewigem Schnee bedeckten Sierra Nevada.

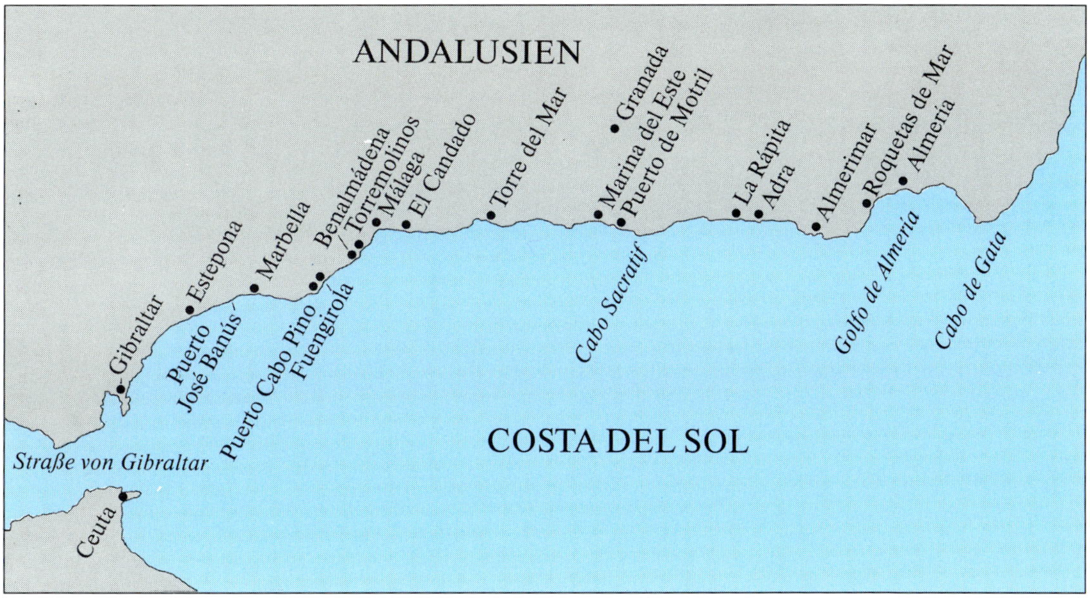

Almería

liegt im äußersten Osten Andalusiens und ist eine der Städte, die ihr arabisches Gesicht am reinsten bewahrt haben. Das „Portus Magnus" der Römer und „Spiegel des Meeres" der Araber breitet sich an dem im Westen von der Sierra de Gádor (1443 m), im Nordosten von der Sierra Ahamilla (1359 m) und im Südosten von der nach dem weit vorspringenden Kap benannten Sierra de Gata (513 m) umschlossenen weiten Golfo de Almería aus. Über Almería thront eindrucksvoll die Maurenburg Alcazaba aus dem 10. Jahrhundert, das berühmteste Bauwerk der Hafenstadt. Von dort oben hat man einen herrlichen Blick auf die Altstadt mit ihren kalkgeweißten Häusern, die schroffe Felsenküste und das Meer. Man blickt auf eine orientalische Stadt mit winkligen, dem Sonnenlicht ausweichenden Gassen und blumenberankten Dachterrassen.

Almería ist über seine alten Stadtgrenzen hinausgewachsen und hat in seinen neuen, von breiten Alleen und Parkanlagen durchzogenen Wohnvierteln das Aussehen einer modernen Stadt mit fast 150000 Einwohnern angenommen. Über den Hafen, der sich riesig ausdehnt, werden die landwirtschaftlichen Produkte des Landes, Trauben und Südfrüchte sowie Eisenerz aus den Gruben des

Hinterlandes ausgeführt. Früher stachen von hier die Seeräuber in See. Almería war ein gefürchtetes Seeräubernest.

Platz ist in dem Hafen genügend, doch Yachten haben es schwer, eine für sie geeignete Anlegestelle zu finden. Nur an den Schwimmstegen des Club de Mar mit feinem Clubhaus (Restaurant, Bar, Swimmingpool) gibt es yachtengerechte Liegeplätze. Man ist ganz in der Nähe der Stadt.

Aguadulce

liegt von Almería nur etwa 3 sm entfernt. Der einst kleine Fischerort hat sich innerhalb kurzer Zeit zu einem bekannten Touristenzentrum entwickelt. An die Felswand angelehnt, wurde 1989 der Puerto de Portivo Aguadulce in Betrieb genommen, eine supermoderne Marina, die nach dem neuesten Stand der Technik konzipiert ist. Die 776 Liegeplätze für Yachten bis 25 m Länge haben Strom-, Wasser- und TV-Anschluß. An Land ist viel Platz für die Bootslagerung und das Abstellen von Autos und Trailergespannen. Alles ist vorhanden: Werftbetrieb mit 50-t-Travellift, Tankstelle, Restaurant, Bar. Es gibt noch reichlich freie Liegeplätze.

Die Ansteuerung erfolgt parallel zur Küste mit dem weiten Badestrand und der Palmenpromenade. Auffallend der Torre de Control, ein runder Turm an der Hafeneinfahrt. Es ist geplant, bei entsprechender Nachfrage die Marina noch zu erweitern.

Roquetas de Mar

befindet sich am Westausgang des Golfes von Almería. Die Berge treten in den Hintergrund. Es tut sich eine weite Ebene, Llanos de Almería, auf, die dünn besiedelt ist, aber vermutlich nicht mehr lange. Ausgedehnte Feriensiedlungen am Wasser künden davon, daß an diesem touristisch bislang eher unterentwickelten Küstenabschnitt der Urbanisationswettlauf begonnen hat.

Die Landschaft präsentiert sich nun über viele Kilometer im Plastik-Look, durch die mit Folien abgedeckten Gemüse- und Obstkulturen. Die grau, weiß und bisweilen in der Sonne silbrig glänzenden Felder geben ein interessantes Schachbrettmuster ab.

Roquetas de Mar ist ein kleiner, urtümlicher Fischerort. Puerto und Hauptort liegen einige Kilometer auseinander. An der Innenseite der Quermole (einlaufend an Steuerbord) wurden vier Stege für Yachten installiert. Ein weiterer Ausbau ist geplant.

Almerimar

hat in seiner Bedeutung als Hafen bisher eher eine untergeordnete Rolle gespielt. Doch dies wird bald anders sein, denn der Hafenort schickt sich an, auf dem Nautiksektor ein gewichtiges Wort mitzureden. In der erdbraunen Umgebung ist mit 1000 Liegeplätzen die größte Marina zwischen Málaga und Almería entstanden, allerdings mit dem Schönheitsfehler: Es wird schon seit Jahren an ihr gebaut, und sie ist immer noch nicht vollständig fertig. Man kann jedoch schon anlegen. An den Liegeplätzen ist Strom und Wasser vorhanden. Man hat die freie Liegeplatzwahl. Die Marina ist erst wenig belegt.

Zu der Anlage gehört eine Ferienhaussiedlung. Auch daran wird noch gewerkelt.

Adra

Bei dem langgestreckten Hafenstädtchen rücken die Berge wieder an die Küste heran. Zu beiden Seiten dehnen sich grobkörnige Sandstrände aus, denen nur ein schmaler Streifen bleibt, denn die Feldfluren reichen bis ans Wasser. 1973 fügte eine Flutkatastrophe, hervorgerufen durch starke Regenfälle in den Bergen, dem Ort schweren Schaden zu. Davon ist heute nichts mehr zu sehen. Adra präsentiert sich dem Besucher als urwüchsiges Fischerstädtchen, dessen Hafen schon von den Römern als bedeutend eingestuft wurde.

Während er früher Ausfuhrhafen für das Erz aus den Gold- und Bleiminen war, ist er heute nur noch Fischerhafen. Yachten haben in dem großen Becken viel Manövrierraum. Man kann ankern oder beim Club Náutico einen Stegplatz bekommen. Gäste sind herzlich willkommen. Im Clubhaus Restaurant und Bar.

Der alte Leuchtturm aus Backstein, der den Puerto überragt, ist nicht mehr in Betrieb. Seinen Dienst hat ein neuer, rot-weiß gestreifter Turm außerhalb des Ortes übernommen. Die schöne, blumengeschmückte Promenade am Hafen ist ein erfreulicher Farbfleck in dem etwas tristen Stadtbild.

La Rápita

Dieser dekorativ auf einem Hügel gelegene Ort knapp 7 sm westlich von Adra, mit einem von Feldern eingefaßten, grobkörnigen Sandstrand, hat alles, was für die Küste typisch ist: ringsum Berge, weiße, eng zusammenstehende Häuser im Maurenstil, einen Wachtturm aus arabischer Zeit, ein Kastell. Neben La Rápita mündet ein trockenes Flußbett, die Rambla de la Rábita, ins Meer. Auch dieses ist charakteristisch für die östliche Costa del Sol. Die weiße Stadt hat keinen Hafen und auch keine vernünftige Ankerbucht, dennoch ist sie für die Yachtcrews von Nutzen. Wegen ihres unverwechselbaren Erscheinungsbildes ist sie eine gute Navigationshilfe bei der Küstenfahrt. Und natürlich ist sie ein schöner Anblick.

Puerto de Motril

und Motril – Stadt liegen etwa 3 km auseinander. Das bedeutende Industrie- und Handelszentrum ist von tropischer Vegetation umgeben. Es ist ein bekanntes Anbaugebiet für Zuckerrohr, der über den Puerto ausgeführt wird. Ein ebenfalls wichtiger Exportartikel sind Nelken.

Puerto de Motril ist ein großer Fischer- und Handelshafen. Bei der Ansteuerung kann man sich nach dem knapp 3 sm entfernten Cabo Sacratif mit markanter Steilküste richten. Der Hafen selbst ist an den hohen Kränen schon von weitem auszumachen.

Liegeplätze für Yachten gibt es in der hintersten Ecke des Hafenbeckens beim Club Náutico. Ein hoher, weißer Turm inmitten der Steganlage weist den Weg.

Von Motril bietet sich ein Ausflug nach Granada zur Besichtigung der berühmten Alhambra an. Die Fahrt durch die Bergmassive der Sierra Nevada und Alpujarras ist großartig.

Marina del Este

ist eine hübsche, intime, fast puppenhaft wirkende Ferienanlage in einer Naturbucht zwischen Almuñécar und Nerja, mit dem prächtigsten Abschnitt der Küste. Sie besteht aus einem Hafen mit 228 Liegeplätzen für Schiffe bis 30 m Länge und einer luxuriösen Wohnanlage. Trotz der Korrosionsprobleme mit dem Erdreich, die beim Bau auftraten, hat man sich bemüht, der Landschaft nicht mehr als nötig mit dem Bagger zu Leibe zu rücken. So wurde eine kleine Felseninsel effektvoll in den Hafen einbezogen, statt sie wegzusprengen.

Die Marina ist von tropischen Gärten und Palmen umgeben. Die Häuser sind eine gelungene Imitation im mauro-arabischen Stil. Auch der Leuchtturm auf dem Berg ist eine Nachbildung eines alten arabischen Wachtturmes.

Die Ansteuerung erfolgt dicht unter der steil aufragenden Küste. Bei starkem Ostwind ist davon jedoch abzuraten.

Torre del Mar

ist ein recht ungeordnet zusammengewachsenes Touristenzentrum, das größte an der Costa del Sol und fest in deutscher Hand. Es ist der Badeort der 5 km entfernt in dem Landschaftsgebiet Axarquia (ihm wird ein besonderes Licht zugeschrieben) gelegenen Kleinstadt *Vélez-Málaga* (40000 Einwohner). In der Nähe soll sich die berühmte griechische Stadt Mainake befunden haben. Das interessante Provinzstädtchen ist Weinanbau-Zentrum, Treffpunkt der Maler und weist eine Reihe Sehenswürdigkeiten auf: eine mittelalterliche Burg, von der es überragt wird, Paläste und Adelshäuser aus dem 16. und 17. Jahrhundert, mehrere Kirchen gotischen Ursprungs und Klöster.

Der Ortsteil *Caleta de Vélez,* von Torre del Mar ostwärts nur 1 sm entfernt, ist das Hafenzentrum. Puerto de Vélez galt bis vor kurzem noch als wenig attraktiver Fischerhafen, der Yachten nicht viel zu bieten hatte. Doch offensichtlich unter dem Eindruck der stürmischen touristischen Entwicklung an diesem Küstenabschnitt hat man sich darauf besonnen, den Puerto für den nautischen Tourismus nutzbar zu machen. So wurde ein Stegsystem für die Sportschiffahrt installiert. Die Liegeplätze erhielten Strom- und Wasseranschluß. Der Ausbau war im Frühjahr 1991 noch in vollem Gang, dagegen schon dienstbereit ein Werftbetrieb, Servicestützpunkt für Bootsmotoren der Marken Volvo Penta und Yamaha.

Puerto de Vélez ist ein Fischer- und Yachthafen geworden.

El Candado

Der kleine Puerto de El Candado zählt schon zur Großstadt Málaga, in deren Sichtweite er liegt. Er ist ein reiner Clubhafen mit 230 Liegeplätzen für Schiffe bis 16 m Länge. Gäste sind grundsätzlich willkommen, doch es gibt kaum freie Plätze. Zu beiden Seiten des Hafens dehnen sich Badestrände aus. Im Clubhaus ein Restaurant, in der Nähe an der Straße eine Tankstelle. Der Club Náutico betreibt intensives Regattasegeln.

Málaga

Am sanften Südhang einer dichten Bergkette, Los Montes, liegt die 1000jährige Stadt Málaga, Hauptstadt und Herz der Costa del Sol. Der Nobelpreisträger Vicente Aleixandre hat sie als die „Stadt des Paradieses" verewigt. In jedem Fall zählt sie zu den wichtigsten Mittelmeerhäfen Spaniens und gehört mit 500000 Einwohnern zu den Großstädten des Landes. Hauptverkehrsader ist die 420 m lange und 42 m breite Alameda.

Málaga blickt auf eine lange Geschichte zurück. Die Stadt wurde von den Phöniziern gegründet, war dann eine karthagische Festung, anschließend eine römische Kolonie, Niederlassung der Westgoten und schließlich eine arabische Stadt. Bei den Sehenswürdigkeiten erreicht sie nicht das Angebot anderer Städte, dennoch ist sie durchaus sehenswert. Am interessantesten die Festung Alcazaba, Sitz der maurischen Könige, die Kathedrale, das Maurenkastell Gibralfaro auf einem 170 m hohen Hügel, von dem aus man einen herrlichen Blick auf die Stadt und den Hafen mit der 11000 Zuschauer fassenden Stierkampf-Arena im Vordergrund hat.

Berühmt ist Málaga auch wegen seines Weines und als „Stadt der Feste". In Málaga wurde Pablo Picasso geboren. Er verließ seine Heimatstadt schon mit elf Jahren und kehrte nie wieder zurück.

Den Yachtcrews hat Málaga nicht viel zu bieten. Nach der in einigen Reiseführern versprochenen großen Marina hält man vergebens Ausschau. Wer in dem großen Handelshafen zwischen Frachtern und Fahrgastschiffen mit seinem Boot nicht liegen möchte, kann nur versuchen, im Becken des Real Club del Mediterráneo de Málaga einen der 25 Liegeplätze zu ergattern. Der königliche Club, der 1700 (!) Mitglieder hat, wurde 1873 gegründet. Er ist der älteste Yachtclub Spaniens. Das Clubhaus ist vom Feinsten. Es ist ein getreues Spiegelbild der Noblesse, die den Club umgibt. Regattasegeln wird bei ihm ganz groß geschrieben.

Nach Málaga beginnt der westliche Teil der Costa del Sol, der touristisch eine hochentwickelte Zone ist. Die einzelnen Orte haben sich durch die Hotel- und Ferienhaussiedlungen so sehr ausgedehnt, daß sie fast nahtlos zusammengewachsen sind. Die Costa del Sol ist bis zur Provinz Cádiz praktisch eine einzige Stadt.

Benalmádena

ist die erste Marina nach Málaga. Man gelangt von Torremolinos, der Kapitale des Buchungstourismus an der Costa del Sol mit der größten Ansammlung von Diskotheken, Restaurants, Bars, Pubs und Cafeterias pro Quadratmeter – bei den deutschen Spanien-Reisenden besonders beliebt –, übergangslos nach Benalmádena.

Das Seebad, das in den letzten Jahren einen steilen Aufschwung nahm, besteht aus den Ortsteilen Benalmádena Pueblo, Benalmádena Costa und Arroyo de la Miel. Der alte Ortskern, der Pueblo, liegt 4 km zurück an einem Hang und ist ein typisches andalusisches Dorf mit malerischen Straßenzügen, weißen Häusern und lauschigen Plätzen. Benalmádena ist arabisch und bedeutet „Die Söhne der Minen", in Anlehnung an die Vergangenheit als Bergarbeiter-Siedlung.

Das touristische Zentrum ist Benalmádena Costa mit einem Riesenangebot an Urlaubseinrichtungen und der neuen Marina, einer der wichtigsten der Sonnenküste. Der Puerto Deportivo ist eingebettet in eine anspruchsvoll gestaltete Wohnanlage mit allen Versorgungseinrichtungen. Er repräsentiert ein Klein-Venedig mit Bogenbrücken, kleinen Inseln und verschnörkelten Fassaden. 961 Yachten bis 30 m Länge haben Platz.

Málaga und Málaga

Málaga ist nicht nur eine Stadt, sondern auch ein Wein. In den Zonen von Antequera, Axarquia und Los Montes werden die berühmten Süßweine aus Málaga hergestellt. Muskateller, Pedro Ximén (von den Einheimischen kurz „pedrito" genannt), Pajarete, Campanilla und andere Sorten sind überall in den Bodegas der Dörfer und Städte zu finden.

Die Weine der Costa del Sol sind als kräftig und alkoholreich bekannt. Der weltberühmte Málaga wächst nur an den Berghängen rund um die Stadt Málaga – daher der Name. Er wird nicht offen ausgeschenkt, sondern kommt nur in Flaschen auf den Markt.

Die jungen Málaga-Weine schmecken likörartig. Man unterscheidet zwischen „seco", einem feurigen und trockenen Málaga, und „dulce", einem süßen, weißen Málaga.

Aus Málaga-Trauben werden auch Rosinen erzeugt. Sie sind ebenfalls ein wichtiges Exportprodukt.

Viele Feste

Einer der attraktivsten Aspekte Málagas und der Region Andalusien ist der Reichtum an Folklore, Festen und jahrhundertealten Traditionen. Während einer Reise durch die Provinz Málaga bieten sich viele Gelegenheiten, mit der Kultur der heimischen Bevölkerung, ihrem Brauchtum und ihren Sitten und Gewohnheiten in Berührung zu kommen.

Chronologisch gesehen ist der *Carnaval* das erste große populäre Ereignis des Jahres vor der Karwoche, der *Semana Santa* (wörtlich: Heilige Woche), mit weit zurückreichenden Wurzeln.

Besonders glanzvoll wird die Karwoche in der Provinzhauptstadt Málaga selbst begangen mit feierlichen Prozessionen, bei denen Heiligenfiguren durch die Straßen getragen werden. Mit der sie begleitenden monotonen Musik, den spontanen Gesängen und den Aufmärschen der Nazarener und Büßer in ihren traditionellen Gewändern sind sie ein unvergeßliches Schauspiel, das immer wieder Tausende in ihren Bann zieht.

Auch in Antequera, Ronda, Archidona und Vélez-Málaga wird die Semana Santa mit großer Prachtentfaltung gefeiert. Die Dörfer Benalmádena, Carratraca, Moclinejo, Frigiliana und vor allem Rio Gordo mit seinem berühmten „Paso" sind die Orte, wo die Karwoche unter Beteiligung aller Bewohner laienspielartig gestaltet wird.

Weitere bekannte traditionelle Ereignisse sind *Cruces de Mayo,* das Fronleichnamsfest, die *Noche de San Juan* und die *Quemada de los Juas,* bei der mit Stroh gefüllte Puppen angezündet werden. Zur *Fiesta de la Virgen del Carmen,* der Schutzpatronin der Fischer, werden großartige Prozessionen auf dem Wasser veranstaltet.

Fuengirola

entwickelte sich wie Torremolinos, Benalmádena, Marbella und alle anderen Küstenorte vom Fischerdorf zum Touristenzentrum. Heute ist es eine große Stadt mit 39 000 Einwohnern und dem längsten Badestrand (6,5 km). Die Strandpromenade mit einer Endloskette von Geschäften, Hotels, Restaurants, Bars wird in westlicher Richtung überragt vom Castillo de San Isidro. Die prächtige Maurenburg auf einem Hügel ist das Wahrzeichen der Stadt.

Der Puerto von Fuengirola wurde vor zehn Jahren vom Staat als Fischerhafen errichtet mit einem Riesenwellenbrecher von 500 m Länge. Der Hafen ist auch heute noch Stützpunkt einer großen Fischfangflotte. Es ist ein schönes Urlaubserlebnis, in der Fischhalle am Kai der Fischerboote der Versteigerung des Fanges vom Tage beizuwohnen.

Inzwischen haben auch die Yachten ihren angestammten Platz gefunden. Der Marinabereich verfügt über 300 Liegeplätze für Boote bis 20 m Länge. Größere Boote müssen nach wie vor am öffentlichen Kai anlegen, Wassertiefe 4,5 m.

Auffallend ist ein im maurischen Stil errichteter Gebäudekomplex mit vier Minaretts gleichenden Türmen, die im Hafen ein offenes Viereck umstehen. Vor der Ansteuerung bei Ostwind wird gewarnt.

Puerto Cabo Pino

ist ein kleiner Sportboothafen mit 160 Liegeplätzen in der Mitte zwischen Fuengirola und Marbella. Er gehört zu einer exklusiven Bungalow- und Appartementsiedlung. Das Auffallendste an ihm sind seine langen, gekrümmten Molen, die weit ins Meer hinausreichen. Je nach freier Liegeplatzkapazität werden Gastlieger aufgenommen. Der Hafen wird von Südwesten her angesteuert. Bei Seegang aus Südwest kann sie heikel, bei hohem Seegang gefährlich bis unmöglich sein.

Marbella

Wer an Marbella denkt, wird unwillkürlich den Namen in Verbindung bringen mit Jetset, mit den Reichen und Schönen dieser Welt, mit Luxus und Dolce vita. Einerseits ist dies für den Nobelort durchaus eine zutreffende Skizzierung, andererseits aber auch nicht. Marbella besitzt zwar die meisten Hotels der Luxusklasse für die standesgemäße Unterbringung seiner illustren Gästeschar, doch es ist zugleich auch ein Ort, wo man noch der Vergangenheit und echt andalusischem Flair begegnet. Die Altstadt gehört mit zu den schönsten und am besten erhaltenen an der gesamten Küste. Neben dem anspruchsvollen Feriengast der High-Society gibt es durchaus Otto Normalverbraucher, der hier seinen Urlaub verbringt.

Die Angaben über die Einwohnerzahl schwanken beträchtlich, vermutlich kennt sie niemand genau. Irgendwo in der Mitte zwischen 60 000 und 100 000 dürfte zutreffend sein. Marbella ist eine große, moderne Stadt, und es versteht sich von selbst, daß das Boutiquenangebot wie überhaupt die Einkaufsmöglichkeiten unvergleichlich sind.

Am westlichen Stadtrand beginnt die „Goldene Meile", die zum Nobelvorort *Nueva Andalucia* führt und zum berühmten Puerto José Banús. Er ist mit keiner anderen Marina der Küste zu vergleichen. Nicht nur Edelschiffe geben sich ein Stelldichein, sondern auch die Edelmarken unter den Autos. Die Hafenzeile mit ihren vielen Cafés, Bars und Restaurants – nicht ganz billig – ist das logische Pendant.

Einen gewissen Reiz, ja Schönheit, kann man der Luxus-Marina, hinter der sich mächtig die Gebirgskulisse der Sierra Blanca erhebt, nicht absprechen. Sie ist – Baujahr 1970 – die älteste Marina Spaniens. Gleich neben der Hafeneinfahrt hat man José Banús, dem Erbauer, ein Denkmal gesetzt. Der große, runde Turm im Stil eines arabischen Wachtturms, der dort auch steht, ist nur eine Kopie seiner historischen Vorbilder an der Küste. Er fungiert schnöde als Wasserturm und ist ansonsten mit Büroräumen für die Hafenverwaltung ausgestattet. Ein Lift führt nach oben. Der Puerto verfügt über 915 Liegeplätze für Schiffe bis 50 m Länge. Es versteht sich von selbst, daß es keine Beschränkung bei den Versorgungs- und Serviceangeboten gibt.

Von wesentlich bescheidenerem Zuschnitt ist der Puerto Deportivo de Marbella im Zentrum der Stadt. Der ehemalige Fischerhafen, der nicht nur von den Urlaubspalästen an Land, sondern auch vom runden, weißen Leuchtturm überragt wird, hat 377 Liegeplätze für Yachten bis 20 m Länge anzubieten. Das Hafenbüro ist an der Einfahrt, dort auch Polizei, Zoll und Tankstelle. Alles etwas bescheiden, doch es fehlt an nichts: Duschen, Restaurant, Bar, Wasser- und Stromanschlüsse an den Liegeplätzen.

Estepona

ist ein beliebtes Touristen- und Erholungszentrum mit internationalem Zuschnitt. Die 38 000-Einwohner-Stadt ist römischen Ursprungs. Sie wurde für ihre Ortsverschönerung vom Ministerium für Tourismus mehrmals ausgezeichnet. Die Altstadt ist typisch andalusisch geprägt mit weißen Häusern, engen Gassen und blumengeschmückten Balkonen.

Von großer Bedeutung für die Stadt ist der Fischer- und Yachthafen. Die Fischerboote liegen getrennt an der Innenseite des Wellenbrechers. Die gefällige Marina mit palmenbestandener Restaurant- und Ladenzeile wurde 1977 mit 443 Liegeplätzen gebaut. Ein achteckiger Bau, darin die Hafenverwaltung und ein Restaurant, springt besonders ins Auge.

An klaren Tagen kann man bis Gibraltar sehen, dem Endpunkt der spanischen Mittelmeerküste. Wie Phönix aus der Asche erhebt sich in der Ferne der berühmte Affenfelsen aus dem Meer.

Informationen und Hinweise

Grenzformalitäten

Für die Ein- und Ausreise von und nach Spanien ist ein gültiger Reisepaß oder Personalausweis erforderlich. Bei einem Aufenthalt von über drei Monaten wird ein Visum verlangt. Es empfiehlt sich, den Antrag dafür bei einem der spanischen Konsulate des Heimatlandes vor Antritt der Reise zu stellen. Eine Verlängerung des Aufenthaltes kann auch in Spanien selbst beantragt werden, ist jedoch zeitraubender.

Jugendliche unter 18 Jahren müssen, sofern sie keinen gültigen Reisepaß besitzen und ohne Begleitung nach Spanien einreisen wollen, eine schriftliche Genehmigung des Erziehungsberechtigten vorweisen, die entweder von einem spanischen Konsulat, einer spanischen Zollbehörde oder von einem Notar beglaubigt ist. Kinder unter 16 Jahren benötigen einen Kinderausweis oder müssen im Familienpaß eingetragen sein.

Devisen

Die spanische Währungseinheit ist die Peseta. Es gibt Geldscheine im Wert von 100, 200, 500, 1000, 2000, 5000 und 10000 Peseten sowie Münzen im Wert von 1, 2, 5, 10, 25, 50, 100, 200 und 500 Peseten. Bargeld und Schecks können in unbeschränkter Höhe eingeführt werden. In sämtlichen Banken in Spanien kann außerdem ausländische Währung gegen Peseten eingetauscht werden. Diese Möglichkeit besteht auch in den meisten Hotels und in vielen Reisebüros.

Darüber hinaus werden in der Mehrzahl der Hotels und Restaurants – zumal in den Urlaubsgebieten – und auch in den Geschäften Kreditkarten und Reiseschecks als Zahlungsmittel akzeptiert. Es ist jedoch ratsam, immer etwas Bargeld bei sich zu haben, allein schon wegen der Trinkgelder.

Einreise mit dem Boot

Über Land: Wassersportfahrzeuge bis 5,5 m Länge unterliegen keinen Zollformalitäten; bei Booten über 5,5 m Länge ist eine Zollgenehmigung erforderlich – ähnlich wie bei der Einreise über See. In beiden Fällen ist eine Anmeldung bei der örtlichen Hafenbehörde (Comandancia de Marina) notwendig.

Autofahrer müssen die Internationale Grüne Versicherungskarte mit sich führen.

Über See: Sobald die spanischen Hoheitsgewässer erreicht sind, ist auf dem kürzesten Weg der nächste Einklarierungshafen anzulaufen. Über See eingeführte Wassersportfahrzeuge können innerhalb eines Kalenderjahres sechs Monate zollfrei benutzt werden. Nach Vorlage des Internationalen Bootsscheins für Wassersportfahrzeuge (ausgestellt vom Deutschen Segler-Verband, Deutschen Motoryachtverband oder ADAC), des Flaggen- beziehungsweise Schiffszertifikats (ausgestellt vom Bundesamt für Seeschiffahrt und Hydrographie für Boote bis 15 m Länge beziehungsweise ab 15 m Länge) oder eines anderen international anerkannten Bootsdokuments wird für das Schiff eine Zollgenehmigung (Permiso Aduanero) erteilt. Die Genehmigung ist den spanischen Kontrollorganen auf Verlangen vorzuzeigen. Das Aus- und Wiedereinklarieren ist während der Laufzeit der Genehmigung möglich.

Zollformalitäten

Spanien ist wie die Bundesrepublik Deutschland Vertragspartner des Internationalen Zollabkommens vom 18. Mai 1956 („Genfer Konvention") über die vorübergehende abgabenfreie Einfuhr von Wasser- und Luftfahrzeugen zum eigenen Gebrauch. Danach steht das Boot dem Eigner nur zur privaten Nutzung zur Verfügung. Eine Benutzung für gewerbliche oder ähnliche Zwecke ist nicht gestattet. Das Boot darf nicht vermietet, verliehen oder verkauft werden. Bei illegalem Verchartern (unter ausländischer Flagge) droht die Konfiszierung.

Der befristete Aufenthalt kann verlängert werden, wenn vor Ablauf der Sechsmonatsfrist ein Antrag auf Aufenthaltsverlängerung gestellt wird. Anträge sind zu richten an die Dirección General de Aduanes e Impuestos Especiales, Guzman el Bueno 137, 28071 Madrid 3, oder an eines der folgenden Hauptzollämter: Alicante, Almeria, Badajoz, Barcelona, Bilbao, Cádiz, Cartagena, Castellón, Fuentes de Oñoro, Gijón, Huelva, Irún, La Coruña, La Junquera, Málaga, Palma de Mallorca, Santander, Sevilla, Seo de Urgel, Tarragona, Valencia, Valencia de Alcántara.

Vorübergehend nach Spanien eingeführte Wassersportfahrzeuge werden unter Zollverschluß genommen, wenn der Eigner das Land für mehr als zwei Monate verläßt, ohne sein Boot auszuführen. Nach der Wiedereinreise steht ihm sein Schiff erneut uneingeschränkt zur Verfügung. Der Zollverschluß muß bei der zuständigen Zollbehörde beantragt werden.

Führerscheine

Für das Befahren der spanischen Gewässer muß man im Besitz eines entsprechenden Führerscheines sein. Es werden die Führerscheine verlangt, die den Bestimmungen im Heimatland entsprechen. Für deutsche Bootsfahrer ist es der amtliche Sportbootführerschein See. Laut Erlaß vom 6. 3. 1969 ist für Sportboote mit Außenbordmotoren bis zu vier Steuer-PS kein Führerschein erforderlich.

Bootsdokumente

Wassersportfahrzeuge sind in Spanien kennzeichnungs- und registrierungspflichtig. Die spanischen Behörden fordern amtliche beziehungsweise halbamtliche Unterlagen, aus denen der Eigner ersichtlich ist. Hierfür ist im allgemeinen das Flaggenzertifikat (für Boote bis 15 m Länge), das Schiffszertifikat (für Boote ab 15 m Länge, die in ein deutsches Seeschiffsregister eingetragen werden) oder der Internationale Bootsschein für Wassersportfahrzeuge, der vom Deutschen Segler-Verband, vom Deutschen Motoryachtverband oder vom ADAC ausgestellt wird, ausreichend.

Funkgeräte

Fest eingebaute Seefunkstellen mit Genehmigung und Zulassung der Heimatbehörden gehören zur Sicherheitseinrichtung und können entsprechend den internationalen Vorschriften von Crewmitgliedern mit amtlichem Befähigungsnachweis des Heimatlandes betrieben werden.

Die Benutzung von CB-Funkgeräten in Spanien unterliegt der Genehmigung. Walkie-Talkies sind nur auf der Frequenz 144–146 MHz erlaubt. Genehmigungsanträge sind zu richten an: Dirección General de Telecomunicación, Jefatura de Inspección de Telecomunicaciónes, Castellana 118, 28046 Madrid.

Versicherungspflicht

Es besteht keine Versicherungspflicht. Im eigenen Interesse sollte jedoch eine Haftpflichtversicherung abgeschlossen werden. Für in Spanien zugelassene Kraftfahrzeuge ist gesetzlich nur eine Haftpflichtversicherung für Personenschäden vorgeschrieben, nicht aber für Sachschäden. Auch hier empfiehlt es sich, für das eigene Auto zusätzlich eine Versicherung abzuschließen, am besten eine Vollkaskoversicherung.

Hafengebühren

Die privaten Marinas erheben Liege- und teilweise andere Gebühren. Auch die öffentlichen Häfen können Liegegebühren berechnen.

Ausrüstungsvorschriften

In Spanien findet der Internationale Schiffssicherheitsvertrag (ISSV) Anwendung

Kleines Wörterverzeichnis für den spanischen Wetterbericht

BOLETIN METEREOLOGICA		WETTERBERICHT	
previsión metereologica		Wettervorhersage	
región		Gebiet	
SITUACION		**WETTERLAGE**	
zona de baja presión		Tiefdruckgebiet	
depresión		Tief	
vaguada		Trog, Ausläufer	
zona de alta presión		Hochdruckgebiet	
anticiclón, alta		Hoch	
cuna		Keil	
oclusion		Okklusion	
frente, frio, calido		Kaltfront, Warmfront	
subir, bajar		steigen, fallen	
fijo, constante		gleichbleibend	
extendiendo		sich ausbreitend	
sostenido, asentado		beständig	
variable		wechselhaft	
clarear, escampar		aufklarend	
tranquilo, despejado		heiter, schön	
VIENTO		**WIND**	
Escala de Beaufort		Beaufort-Skala	
calma	0	Stille	0
ventolina	1	leiser Zug	1
flojito	2	leichte Brise	2
flojo	3	schwache Brise	3
bonancible	4	mäßige Brise	4
fresquito	5	frische Brise	5
fresco	6	starker Wind	6
frescachón	7	steifer Wind	7
duro	8	stürmischer Wind	8
muy duro	9	Sturm	9
temporal	10	schwerer Sturm	10
borrasca	11	orkanartiger Sturm	11
huracan	12	Orkan	12
encalmado		vorübergehendes Abflauen	
disminuir		nachlassen	
disminuyendo		abnehmend	
aumentando		zunehmend, auffrischend	
racha		Windstoß	
turbonada		Bö	
brisa de mar, virazon		Seebrise	
terral		ablandige Brise, Landbrise	
viento dominante		vorherrschender Wind	
rola con las manillas del reloj		rechtsdrehen, ausschießen	
rola contra las manillas del reloj		rückdrehen, krimpen	
CIELO		**HIMMEL**	
claro, despejado		wolkenlos, klar	
nubloso		bewölkt, wolkig	
cubierto		bedeckt	
nubes altas		hohe Wolken	
nubes bajas		niedrige Wolken	
VISIBILIDAD		**SICHT**	
buena		gut	
regular		mittel	
mala		schlecht	
calima		Dunst	
neblina		feuchter Dunst, diesig	
niebla		Nebel	

auf Rettungsmittel und Sicherheitsvorschriften bei seegängigen Yachten. Da in Deutschland keine entsprechenden Bestimmungen bestehen, sollten wenigstens die von der Kreuzer-Abteilung des Deutschen Segler-Verbandes herausgegebenen „Sicherheitsrichtlinien“ (Internationale und nationale Richtlinien für die Ausrüstung und Sicherheit von Segelyachten) beachtet werden.

Treibstoffversorgung
Bunkerstationen befinden sich in den Yachthäfen. In den öffentlichen Häfen gibt es meist nur Diesel. Super- und Normalbenzin muß häufig von Straßentankstellen herangeschafft werden. Es sollten daher genügend Reservekanister an Bord sein.

Trinkwasser
Die Versorgung mit Trinkwasser ist gut. Aber auch hier empfiehlt es sich, Reservekanister mitzuführen.

Allgemeine Versorgung
Die Versorgung mit Lebensmitteln ist überall gewährleistet. Als hochentwickeltes Urlaubsland verfügt Spanien darüber hinaus überall an der Küste und auf den Inseln über eine Vielzahl Restaurants und Bars.

Wetterberichte
Für die Balearen und das westliche Mittelmeer kann unter Telefon 0034-71-403600 täglich der neueste Wetterbericht abgehört werden. Er umfaßt Wetter- und Windvorhersagen sowie die voraussichtlichen Seegangsverhältnisse. Der Bericht wird in spanischer Sprache gegeben.

Radio Nacional de España sendet täglich einen Wetterbericht um 10.00, 13.00, 17.00 und 21.00 Uhr. Während der Sommerzeit wird der Bericht eine Stunde früher ausgestrahlt, und zwar auf folgenden Frequenzen: Madrid 585 kHz; Bilbao, La Coruña, Zaragoza 639 kHz; Sevilla 684 kHz; Málaga, Oviedo 729 kHz; Barcelona 738 kHz; San Sebastián 774 kHz; Murcia, Santander 855 kHz.

Die Deutsche Welle sendet

den Seewetterbericht für das Mittelmeer im Rahmen des Reisejournals auf den Frequenzen 6075 kHz und 9545 kHz.

Der Österreichische Rundfunk sendet den Seewetterbericht Mittelmeer auf den Frequenzen 6155 kHz, 13730 kHz, 15410 kHz und 21490 kHz.

Festmachen

Im Mittelmeer – so auch in Spanien – macht man überwiegend mit dem Heck zur Pier fest. Das Liegen im Päckchen ist nicht populär. In den Marinas darf im allgemeinen kein Anker ausgebracht werden, statt dessen sind die ausgelegten Muringleinen zu benutzen.

Tauchen

Die spanische Mittelmeerküste und die Balearen eignen sich hervorragend zum Tauchen, das jedoch genehmigungspflichtig ist. Die Genehmigung kann bei der Federación Española de Actividades Subaquáticas (FEDAS) in Madrid 10, c/Colón 1, beantragt werden oder bei einem der Tauchclubs in Cadaqués, Rosas, Estartit, Tamaríu, Calella de Palafrugell, San Feliú, Benidorm, Almeria; auf Mallorca in Cala d'Or, Calas de Mallorca, Porto Colom, Illetas; auf Ibiza in Cala Pada sowie auf Formentera.

Die Tauchlizenz kostet 850 Pesetas. Erforderlich ist ein Gesundheitszeugnis mit einem Nachweis über eine Taucherausbildung; entsprechende Zeugnisse des Heimatlandes werden anerkannt. Vorzulegen sind ferner zwei Paßbilder sowie eine Fotokopie des Reisepasses oder Personalausweises.

Grundsätzlich ist das Tauchen von Booten aus, die nicht in Spanien registriert sind, verboten! Nicht statthaft ist auch die Unterwasserjagd mit Hilfe von Atemgeräten (Sauerstoff-Flaschen) und ähnlichen Hilfsmitteln. Untersagt ist ebenfalls die Verwendung von Harpunen, die mit Druckluft abgeschossen werden. Alle übrigen Geräte wie Messer, Flossen, Taucherbrillen können dagegen benutzt werden.

Wichtige Adressen

Weitere Informationen oder Details können schriftlich oder telefonisch bei der Kreuzer-Abteilung des DSV, Informationsstelle Mittelmeer, Dichtlstr. 2, 8000 München 21, Tel. 089/586282, werktags zwischen 9 und 13 Uhr eingeholt werden oder beim ADAC, Referat Sportschiffahrt, Am Westpark 8, 8000 München 70, Tel. 089/7676 6107.

Die spanischen Fremdenverkehrsämter in Deutschland, der Schweiz und Österreich geben gern Auskunft zu allen touristischen Fragen und schicken auf Anforderung Informationsmaterial zu.

Spanische Fremdenverkehrsämter

Myliusstr. 14
6000 **Frankfurt/Main**
Tel. 069/725033–725038

Graf-Adolf-Str. 81
4000 **Düsseldorf 1**
Tel. 0211/370467

Oberanger 6–8
8000 **München 2**
Tel. 089/2609570

Rotenturmstr. 27
1010 **Wien**
Tel. 0222/5353191

Seefeldstr. 19
8008 **Zürich**
Tel. 01/2527930–31

Office National
Espagnol du Tourisme
Boulevard Helvétique 40
1207 **Genève**
Tel. 022/359594

Innerhalb Spaniens werden touristische Auskünfte erteilt durch das Patronato Provincial de Turismo in den jeweiligen Provinzhauptstädten sowie durch die Oficinas de Información de Turismo in den größeren Städten des Landes.

Mallorca
Av. Jaime III, 10
07001 Palma de Mallorca
Tel. 971/712216–712744

Menorca
Plaza de la Constitución, 13
07701 Mahón
Tel. 971/363790

Ibiza
Paseo Vara de Rey, 13
07800 Ibiza
Tel. 971/301900

Costa Brava
Pza. Marqués de Camps, 17
17001 Gerona
Tel. 972/208401

Costa Blanca
Tucumán, 18-bajo
03005 Alicante
Tel. 965/123544

Costa del Sol
c/Compositor Lehmberg Ruiz, 3
29007 Málaga
Tel. 952/288354

Diplomatische Vertretungen Spaniens

Königlich Spanische Botschaft

Schloßstr. 4
5300 Bonn 1
Tel. 0228/217094

Argentinierstr. 34
1040 Wien
Tel. 0222/655788

Kalcheggweg 24
3006 Bern
Tel. 031/440412-13

Diplomatische Vertretungen in Spanien

Bundesrepublik Deutschland: Botschaft
Madrid 4
Calle de Fortuny, 8
Tel. 91/4199100-4199150

Konsulate
Palma de Mallorca
Paseo del Borne, 15
Tel. 971/722997-722371

Barcelona
Passeig de Gràcia, 111
Tel. 93/2176162

Alicante
San Francisco, 67
Tel. 965/217060

Málaga
Paseo del Limonar, 26
Tel. 952/227866

Österreich: Botschaft
Madrid 16
Paseo de la Castellana, 91
Tel. 91/4565315

Konsulate
Palma de Mallorca
Plaza Olivar, 7/2/d
Tel. 971/713949

Barcelona
C. Mallorca, 286
Tel. 93/2573614

Schweiz: Botschaft
Madrid 1
Calle Nuñez de Balboa, 35
Edificio Goya
Tel. 91/4313400

Konsulate
Palma de Mallorca
Paseo de Mallorca, 24
Tel. 971/712520

Barcelona
Gran Via de Carlos III, 94
Tel. 93/3309211

Málaga
Puerta del Mar, 9
Tel. 952/217266

Allgemeine Reisetips

Reisewege

Die bequemste und schnellste Art der Anreise ist die Flugreise, die auch von den meisten Spanien-Urlaubern gewählt wird. Flugverbindungen mit Linienmaschinen und Charterflüge zum günstigen Gruppentarif gibt es von allen europäischen Flughäfen aus in die spanischen Feriengebiete. Besonders zu den Balearen besteht im Sommer ein engmaschiges Charterflugprogramm. Wer sich der Mühe unterzieht und in den Reisebüros nach Billigangeboten Ausschau hält, kann schon für unter 500 DM von Deutschland in zwei Stunden nonstop auf die Inseln fliegen.

Eine Alternative ist das Auto, und für Trailerfahrer gibt es ohnehin keine andere Möglichkeit. Doch man sollte vorher genau rechnen. Es kommt für Hin- und Rückfahrt schnell ein vierstelliger Betrag zusammen, berücksichtigt man Übernachtungs- und Verpflegungskosten, Autobahngebühren und eventuell Aufwendungen für die Schiffspassage, von dem Aufwand an Zeit und der nervlichen Anspannung ganz zu schweigen. Die beste Reiseroute führt durch das Rhônetal mit Anbindung an die Mittelmeer-Autobahn.

Sicherlich die angenehmste, wenn auch nicht ganz billige Art des Reisens für Autofahrer ist das „Huckepack-Verfahren" mit dem Autoreisezug. Die Preise für Zugfahrten in Spanien sind recht niedrig. Schließlich gibt es noch Europa-Bus-Reisen. Die Busse verkehren von den wichtigsten deutschen, österreichischen und Schweizer Städten aus. Die Fahrpreise liegen jedoch nur wenig unter denen der Eisenbahn, und auch die Fahrzeiten unterscheiden sich nur geringfügig.

Kleidung

In Spanien legt man Wert auf gute Kleidung. Die Spanier kleiden sich gern elegant, und auch wenn sie den Fremden zugestehen, es mit der Kleiderordnung nicht so genauzunehmen, so achten sie doch sehr auf das äußere Erscheinungsbild. Es ist selbst bei der größten Hitze nicht üblich, in kurzen Hosen in der Stadt umherzulaufen, noch mehr gilt dies beim Besuch von Kirchen. Nackte Beine und Schultern sind ein grober Verstoß. Badehose und Bikini sollte man wirklich nur am Strand tragen. Die Spanier ärgern sich über Touristen, die in freizügiger Bekleidung das Stadtbild zieren, wie man nur allzu oft erleben kann. Man braucht sich dann nicht zu wundern, wenn man auf kaum verhüllte Ablehnung stößt.

Fotografieren

Es gibt nur ganz wenige Bereiche, wo Fotografieren verboten ist: meistens in Museen, und natürlich dürfen militärische Einrichtungen nicht abgelichtet werden. Manchmal reagiert auch die Polizei (Guardia Civil) angesichts der vielen politisch motivierten terroristischen Anschläge nervös. Wer Ärger vermeiden will, sollte die Kamera möglichst nicht auf Polizisten richten. Filme und Fotomaterial erhält man überall, doch es ist ratsam, vor allem Diafilme von zu Hause mitzubringen, da sie in Spanien in aller Regel teurer sind.

Diebstähle

Die zunehmende Zahl von Eigentumsdelikten, die aus Spanien gemeldet werden, hat das Bundeswirtschaftsministerium veranlaßt, Touristen zu mahnen, vorsichtiger und wachsamer zu sein. In einem Merkblatt wird vor den Gefahren gewarnt, die den Gästen des Landes (diese Warnung kann man inzwischen auf fast alle Mittelmeerländer ausdehnen) drohen. Demnach sind Tankstellen, Autobahnzahlstellen und Rastplätze ebenso beliebte Tummelplätze für Diebe wie Altstadtgassen, Flanierboulevards und Kaufhauseingänge. Handtaschen solle man vorn fest an den Körper gedrückt tragen, Herrentaschen am besten zu Hause lassen, denn sie seien besonders beliebte Beutestücke. Von Brustbeuteln raten die Sicherheitsexperten ab, da sie von Straßenräubern oft abgerissen würden und dabei Strangulierungsgefahr für das Opfer bestehe.

Vor der Reise sollte man alle Dokumente und Ausweispapiere kopieren und die Originale nur mit sich führen, wenn es unumgänglich ist. Die spanische Polizei akzeptiert bei Ausweiskontrollen inzwischen auch die Duplikate. Crews sollten die Boote beim Landgang gut verschließen.

Polizei

Als Hüter des Gesetzes treten in Spanien drei Polizeiorganisationen auf: die Guardia Civil (grüne Uniform), zuständig für Objektschutz (z. B. auf den Flughäfen), Überland-Verkehr und Kriminalität auf dem flachen Lande; die Policía Nacional (braune Uniform), ebenfalls zuständig für Kriminalfälle, zu ihr gehört auch die Ausländerpolizei; die Policía Municipal, Stadtpolizei, die Falschparkern einen Denkzettel verpaßt und den Verkehr regelt.

Einkaufen

Einkaufsmöglichkeiten sind reichlich vorhanden. Fisch – frisch und preisgünstig – kauft man am besten in den Fischhallen der Häfen, manchmal auch direkt von Bord eines Fischerbootes. Wo immer sich die Gelegenheit dazu bietet, sollte man über die Märkte streifen, wo die Früchte des Landes bunt und in großer Vielfalt angeboten werden. Schon der kleinste Lebensmittelladen heißt „Super Mercado", während die Supermärkte, wie wir sie kennen, „Hiper Mercado" genannt werden.

Öffnungszeiten

Im allgemeinen sind die Läden Montag bis Freitag von 9 bis 13 Uhr und von 16 bis 20 Uhr geöffnet, Sonnabend von 9 bis 14 Uhr. Banken und offizielle Dienststellen sind für den Publikumsverkehr werktags von 9 bis 13 Uhr und an Samstagen bis 12 Uhr geöffnet. Die Öffnungszeiten der Postämter *(correos)* sind Montag bis Freitag von 9 bis 14 Uhr, samstags bis 13 Uhr. Die Museen haben uneinheitliche Öffnungszeiten, meistens sind sie am Montag geschlossen.

In den Fremdenverkehrsorten können die Zeiten in den Sommermonaten aber erheblich abweichen. Dort bleiben die Geschäfte oft bis 22 oder 23 Uhr an allen Wochentagen geöffnet.

Essenszeiten

Die Restaurants haben unterschiedliche Öffnungszeiten, vor allem auch in den Urlaubsgebieten, aber normalerweise werden die Mahlzeiten mittags in der Zeit zwischen 13.30 Uhr und 15.30 Uhr eingenommen, abends von 20.30 Uhr bis 23.00 oder 23.30 Uhr. Es gibt aber auch viele Gaststätten, vor allem in Strandnähe, die durchgehend geöffnet haben, und nicht selten wird das Abendessen noch zu später Nachtzeit serviert. Viele Nautikclubs in den Häfen verfügen über eigene Restaurants. Dort ißt man in aller Regel sehr gut.

Trinkgeld

Kleine Geschenke erhalten bekanntlich die Freundschaft – mit den Trinkgeldern verhält es sich nicht anders. Sie machen in Spanien vieles möglich, was eigentlich unmöglich ist. So ist es, wenn man ein wenig nachhilft, in einem „voll belegten" Hafen unter Umständen doch noch möglich, einen Liegeplatz zu ergattern.

Trinkgelder haben in Spanien eine lange Tradition. Obwohl inzwischen praktisch alle Lokale einen Bedienungsaufschlag berechnen, ist es Sitte, Trinkgeld zu geben. Dies gilt in Bars und Restaurants ebenso wie für Platzanweiser in den Kinos und Theatern und natürlich erst recht für Taxifahrer.

Taxis

An allen größeren Orten gibt es genügend Taxis. Taxen, die nicht mit Taxameter ausgerüstet sind, vor allem in den ländlichen Gebieten, sind verpflichtet, eine Preisliste mit sich zu führen. Darin sind neben den reinen Beförderungstarifen auch die Zuschläge für Gepäck, Sonn- und Feiertage, Nachtfahrten, Wartezeiten etc. aufgeführt.

Medizinische Versorgung

Die ärztliche Versorgung in Spanien ist gut. Überall gibt es *centros médicos* oder Rote-Kreuz-Stationen „Cruz Roja", wo man meistens auch Englisch oder Deutsch spricht.

In den Apotheken *(farmacias)* gibt es alle gebräuchlichen Arzneien, die meistens nicht nur billiger als bei uns sind, sondern vielfach auch rezeptfrei abgegeben werden. Der Notdienst ist ähnlich geregelt. In sämtlichen Apotheken liegt eine Liste derjenigen Apotheken aus, die Nacht- beziehungsweise Bereitschaftsdienst haben.

Telefonieren

Post und Telefon sind getrennt. Man kann also beim Postamt nicht telefonieren. In den Urlaubsorten sind häufig provisorische Telefonämter *(telefónica)* im Container eingerichtet. Am billigsten ist das Telefonieren von einer Telefonzelle aus, vorausgesetzt, man hat genügend Münzen bei sich.

So wird's gemacht: Nach Eingabe einiger 25- oder 100-Peseten-Stücke zunächst 07 wählen und warten, bis ein Pfeifton ertönt. Erst danach die Ländervorwahl wählen: für Deutschland 07 49, Österreich 07 43, Schweiz 07 41. Die Münzen werden vom Apparat erst angenommen, wenn die Verbindung hergestellt ist.

Charter

Spanien gehört zu den zwölf führenden Nationen im Segelsport. Das Land verfügt über ein weitmaschiges Netz von Häfen und Marinas. Die Mittelmeerküste weist 62,35 Prozent der Liegeplätze auf, die Atlantikküste 8,27 Prozent. Auf die Balearen entfallen 24,93 Prozent und auf die Kanaren 4,3 Prozent. Zentren des Wassersports sind die Bucht von Palma und der Golf von Rosas (Ampuriabrava) an der Costa Brava, wo sich auch die größten Yachthäfen befinden. Hier trifft man auch auf die größten Charterflotten.

Das beliebteste Törn- und zugleich Charterrevier der deutschen Segler und Motorbootfahrer sind die Balearen, die für sich beanspruchen können, neben der Côte d'Azur das Chartergebiet mit der längsten Tradition zu sein. Allein auf der Hauptinsel Mallorca gibt es 13000 registrierte Yachten. Wer chartern will, findet eine bunte Palette aller gängigen Schiffstypen, und man hat gute Chancen, darunter sein Traumschiff für den Urlaub zu finden.

Es werden alle Formen der Charter angeboten – mit und ohne Crew, und auch One-way-Törns sind möglich, von Palma zum spanischen Festland und umgekehrt. Die Preise entsprechen dem am Mittelmeer üblichen Niveau. Das Revier stellt an die Crews keine außergewöhnlichen Anforderungen. Wer auf Nummer Sicher gehen will, kann sich auch einer Flottille anschließen.

Die schwarzen Schafe unter den Vercharterern, die ihr Geschäft illegal unter ausländischer Flagge ohne behördliche Genehmigung betrieben, gehören längst der Vergangenheit an. Alle Vercharterer, ob Ausländer oder Einheimische, haben heute den Segen der Behörden und bieten durchweg gutes Bootsmaterial an. Gravierende Unterschiede in Preis und Leistung sind kaum noch feststellbar – der Markt hat sich beruhigt und gibt kaum Anlaß zu Klagen.

Die Behörden sind, seit Yachten wiederholt unterschlagen und für Schmuggelfahrten – von harten Drogen – eingesetzt wurden, sehr genau. Charterer müssen schon Wochen vor Beginn ihres Törns Kopien von Ausweispapieren und Bootsführerschein nach Spanien schicken. Vorteil: Der Vercharterer erledigt den Papierkram im voraus, so daß es bei der Ankunft nur noch heißt: Leinen los!

Literatur

In der Reihe Häfen und Ankerplätze: „Costa Brava" von Bernhard Bartholmes, „Balearen" von Gerd Radspieler; „Bootsurlaub im Mittelmeer" von Joachim Schult – alle erschienen im Delius Klasing Verlag, Bielefeld.

Nautischer Reiseführer „Die Balearen" (Pläne und Luftbilder von Häfen und Ankerplätzen) von Bernhard Bartholmes, erschienen bei Edition Maritim, Hamburg.

DuMont Kunst-Reiseführer „Spaniens Südosten" und „Mallorca, Menorca"; Touropa-Urlaubsberater „Mallorca"; MERIAN Besser Reisen „Mallorca", „Ibiza, Formentera", „Costa del Sol"; Goldstadt-Reiseführer „Costa Brava".

Veröffentlichungen des Bundesamtes für Seeschiffahrt und Hydrographie (BSH; früher DHI), Hamburg: Mittelmeer-Handbuch, I. Teil: Ostküste Spaniens und Balearen, Südküste Frankreichs und Korsika, Bestell-Nr. 2027; Verzeichnis der Leuchtfeuer und Signalstellen, Teil V: Mittelmeer und Schwarzes Meer, Bestell-Nr. 2105; Jachtfunkdienst Mittelmeer, Bestell-Nr. 2159.

Merkblatt „Wassersport in Spanien", erhältlich bei der Kreuzer-Abteilung des DSV, Gründgensstr. 18, 2000 Hamburg 60; Merkblatt „Spanien" des ADAC, Referat Sportschiffahrt, Am Westpark 8, 8000 München 70.

Seekarten

Für die Navigation kann auf deutsche, spanische, britische Seekarten und französische Sportbootkarten zurückgegriffen werden. Das deutsche Seekartenwerk des Mittelmeeres ist überwiegend konzipiert als Unterlage für die Navigation in sicherem Abstand von der Küste und zur Ansteuerung der größeren Häfen. Für das Navigieren in Küstennähe und zum Anlaufen kleiner Fischer- und Bootshäfen sowie stiller Ankerbuchten sollte man zusätzlich die großmaßstäbigen spanischen Karten benutzen. Es empfiehlt sich, für die spanische Mittelmeerküste unbedingt die deutsche Spezial- und Plankarte D 515 an Bord zu haben, für die Balearen die D 679 (Isla de Cabrera und Häfen von Mallorca) und die D 680 (Häfen von Menorca). Spanische Seekarten sind mehrfarbige, detailgetreue Drucke mit spanischen Beschriftungen und Abkürzungen. Die britischen Karten der spanischen Küste sind ebenfalls moderne mehrfarbige Drucke mit Tiefenangaben in Metern. Der Vorteil der französischen Sportbootkarten besteht darin, daß sie handlich zusammengefaltet und für den Bordgebrauch dadurch besonders geeignet sind.

Register

Erklärung: Blaue Ziffer = Bildseite
Schwarze Ziffer = Textseite